HELIKON
Griechische Lektüre

Homer

Ilias und Odyssee

von

Martin Schöffberger

und

Viktor Streicher

Ernst Klett Verlag

Stuttgart • Leipzig

Inhaltsverzeichnis

Odyssee 44

Vorwort

Homer als der „Vater der abendländischen Literatur", der einen so wichtigen Teil des Griechisch-Lektüreunterrichts ausmacht, darf in einer Sammlung moderner Unterrichtsmittel nicht fehlen. Ohne Zweifel ist die Erstellung eines anspruchsvollen Lehrwerks gemäß den Anforderungen von Layout, Auswahl der bedeutendsten Stellen und Kompetenzorientiertheit in den Arbeitsaufgaben eine besondere Herausforderung – angesichts der Bedeutung, die gerade Homer als Schulautor zukommt, und des Aufwands an Vokabel- und Formenerklärungen im Zusammenhang mit der homerischen Kunstsprache. Die Autoren hoffen, durch Auswahl und Ausführung der Erwartung eines möglichst breiten Publikums entsprechen zu können.

Unser Dank gilt unserem langjährigen Verlags-Mentor des Österreichischen Bundesverlags Schulbuch, Herrn Mag. Thomas Herok († 2018), für seinen unermüdlichen Einsatz im Bereich der Schulbücher zu den Klassischen Sprachen und die Beförderung des Homer-Projekts.

Wien/Stuttgart, im Sommer 2020

Mag. Viktor Streicher — Mag. Martin Schöffberger

Hinweise für die Arbeit mit dem Lernwortschatz

Am Ende eines jeden Textabschnitts findet sich ein Kasten mit Lernvokabeln. Diese Kästen setzen einander nicht voraus, sondern bieten für jeden Textabschnitt neu die zum Aufbau eines Homerwortschatzes empfohlenen Vokabeln.

In blauer Schrift erscheinen die Vokabeln, die im Klett Grundwortschatz sowie in den Klett Aufbauwortschätzen „Poesie" und „Homer" zu finden sind. Schwarz gedruckt sind weitere Vokabeln, die für die Homerlektüre erfahrungsgemäß von Bedeutung sind.

Die griechischen Deponentien werden besonders ausgewiesen, die Deponentien im Medium werden mit *DM*, die Deponentien im Passiv mit *DP* gekennzeichnet.

Einleitung

Der Dichter Homer

Homer, römische Kopie eines griechischen Originals des 4. Jahrhunderts v. Chr., Rom, Musei Capitolini

Homer gilt als Urheber der europäischen Literatur und galt dem klassischen Griechentum außerdem als Nachschlagewerk für alle im Menschenleben relevanten Situationen wie auch für den Umgang mit den Göttern. An seiner Autorschaft von *Ilias* und *Odyssee* wurde über zwei Jahrtausende nicht gezweifelt; an der Echtheit anderer dem Homer zugeschriebener Werke wie den *homerischen Hymnen*, den Werken des *epischen Kyklos* oder dem Scherz-Epos *Batrachomyomachie* („Frosch-Mäuse-Krieg") wurden schon in der Antike Bedenken angemeldet. Die Werke Homers wurden von berufsmäßigen Sängern *(Rhapsoden)* vor einem breiten Publikum zunächst in freier Auswahl vorgetragen, bis im 6. Jahrhundert v. Chr. (sog. peisistratische Redaktion) ein genau definiertes Textcorpus festgelegt wurde. Die Einteilung beider Epen in jeweils 24 Gesänge (nach den Buchstaben des klassischen Alphabets) erfolgte im 3. Jahrhundert v. Chr. durch Gelehrte an der Bibliothek von Alexandria.

In der Neuzeit traten in der Klassischen Philologie Theorien auf, die Bedenken auch an einer einheitlichen Autorschaft von *Ilias* (entstanden zumindest als Konzept einer Neugestaltung traditioneller Inhalte um 740 v. Chr.) und *Odyssee* (um 700 v. Chr.) durch genaue Untersuchungen von Sprache und Aufbau zu untermauern versuchten, bis schließlich auch an der Existenz von Homer als fassbarer Person gezweifelt wurde. Sicherlich enthalten die beiden Epen eine neuere Aufarbeitung uralter Sagenstoffe aus mykenischer Zeit, die bis dahin Allgemeingut mündlichen Vortrags waren; die Schule der **Unitarier** geht allerdings davon aus, dass Neukonzeption, Aufbau und Querverweise innerhalb von *Ilias* und *Odyssee* die Autorschaft einer einzigen Person voraussetzen, möglicherweise auch eine schriftliche Fixierung schon zu „Homers" Zeiten.

Im Umfeld der Schule der **Analyse** werden u. a. die folgenden Theorien gehandelt:

- *Kompilationstheorie*: in der mündlichen Tradition mehr oder minder schon vorgeformte Werke wurden zu *Ilias* und *Odyssee* jeweils zusammengelegt und die Endfassung gegebenenfalls gekürzt,
- *Liedertheorie*: viele, ursprünglich unabhängige Kleinepen wurden zu zwei größeren geeint und durch Zusätze „aufgestockt",
- *Interpolationstheorie*: ursprüngliche Rumpf-Epen aus der mündlichen Tradition wurden durch Einschübe einzelner Gesänge erweitert.

Alle diese Theorien setzen einen oder eher mehrere anonyme „Bearbeiter" voraus. Diese sogenannte *homerische Frage* wird allerdings wohl nie letztgültig zu klären sein.

Der Aufbau der Ilias

Äußerer, doppelter Rahmen

- 1.–16. Gesang: Streit Agamemnon–Achill um die Rückgabe der Beutefrau Chryseïs, an deren Stelle Agamemnon dann Achills Beutefrau Briseïs beansprucht; als Folge davon einzelne Niederlagen der Griechen.
- 17.–24. Gesang: Rückkehr Achills ins Kampfgeschehen, was allerdings aus Privatrache für den in seiner von ihm geliehenen Rüstung gefallenen Gefährten Patroklos geschieht, und Auseinandersetzung mit seiner Bestimmung, nach dem Tod Hektors (womit Achill dann aber den Krieg entschieden hat), selbst sterben zu müssen (und das noch vor dem Fall Trojas, jedoch außerhalb der Handlung der *Ilias*).

Markante Einzelereignisse

- 3. Gesang: Zweikampf zwischen Menelaos und Paris um die Entscheidung, davor *Teichoskopie* = „Mauerschau“: Helena erklärt Priamos die griechische Heereseinteilung und ihre Anführer (der Zweikampf endet mit Vorteilen für Menelaos und Vertragsbruch der Trojaner, indem Pandaros von der Mauer aus Menelaos mit einem Pfeil verwundet).
- 4.–6. Gesang: 1. Kampftag (es wird so getan, als ob die letzten neun Jahre nicht gekämpft worden wäre; notwendig zur Einführung ins Schlachtgeschehen); darin 5.–6. Gesang sog. *Diomedie:* Einzelkämpfe des griechischen Helden Diomedes.
- 6. Gesang: Abschied Hektors von seiner Gattin Andromache, um selbst aus der Stadt in den Kampf zu ziehen (und nie wieder zurückzukehren); darauf folgt sein Zweikampf mit Aias, aus dem er sich nur mit Mühe retten kann.

Innerer Rahmen der Hektor-Handlung

- Gesänge 7–22: Hektor kämpft außerhalb der Stadt, Tod im Zweikampf mit Achill
- 14. Gesang (*Dios apate* = „Hintergehung des Zeus“): Zeus untersagt jegliches weitere Eingreifen der Götter in den Kampf, wird aber von Hera mithilfe des Hypnos in Schlaf versetzt; währenddessen verschaffen Athene und Hera den bedrängten Griechen wieder Vorteile, der Stand des Abends deutet schon das Ende an.
- 16. Gesang: Patroklos fällt in der geliehenen Rüstung Achills durch die Hand Hektors, der von Apoll auf die Täuschung aufmerksam gemacht worden war.
- 22. Gesang: Zweikampf Achill–Hektor und Hektors Tod; Achill entstellt Hektors Leiche.
- 23. Gesang: Leichenspiele (und Menschenopfer), durchgeführt von Achill für den toten Patroklos.
- 24. Gesang: Freigabe von Hektors Leichnam, den Apoll vor Verwesung geschützt hat, durch Achill an den greisen König Priamos, der heimlich mit Hermes' Hilfe ins Lager der Griechen gelangt war und Achill im persönlichen Gespräch zu Tränen rührt: Ende der *Ilias*.

Der Aufbau der Odyssee

Gliederung und bedeutende Einzelepisoden

- 1.–4. Gesang (sog. *Telemachie*): Odysseus' Sohn Telemach wird von den Freiern als unerwünschter Konkurrent um den Königsthron von Ithaka bedroht und begibt sich auf eine Reise nach Pylos und Sparta, um sich bei Nestor bzw. Menelaos (und Helena) nach dem Verbleib seines Vaters zu erkundigen; bei seiner Rückkehr entgeht er nur knapp einem Anschlag der Freier.
- 5.–12. Gesang: Irrfahrten des Odysseus (zeitlich invertiert):
  - 5.–8. Gesang: Abreise von der Insel der Kalypso, zweiter Schiffbruch (allein auf dem Floß), Aufnahme auf der Insel der Phäaken nach der Begegnung mit der Königstochter Nausikaa, die ihn zum Palast ihres Vaters Alkinoos führt.
  - 9.–12. Gesang: rückschauende Erzählungen des Odysseus am Hof des Phäakenkönigs *(Alkinou Apologoi)* über seine Irrfahrten seit der Einnahme Trojas (Kikonen, Lotophagen, Kyklopeninsel; Windgott Aiolos, Laistrygonen, Kirke; Gang in die Unterwelt; Sirenen, Charybdis, Skylla, erster Schiffbruch nach dem Frevel der Gefährten an den Rindern des Helios: Odysseus überlebt als Einziger; Kalypso).
- 13.–24. Gesang: Odysseus nach seiner Heimkehr auf Ithaka.
  - 13.–16. Gesang: Abreise auf einem Phäakenschiff nach Ithaka, Odysseus allein auf dem Strand Ithakas; Kontakte und Verabredungen des von Athene als Bettler getarnten Odysseus mit seinen letzten Getreuen (Schweinehirt Eumaios) und Telemach, der spät von seiner Mission zurückkehrt (Anschluss an den 4. Gesang); diesem gibt sich Odysseus als Erstem zu erkennen.
  - 17.–20. Gesang: Odysseus als Bettler in seinem Palast auf Ithaka, Kontakt mit Penelope, Streit mit anderen Bettlern; im 19. Gesang (*Niptra:* „die Waschung") erkennt Odysseus' alte Amme Eurykleia ihn beim Waschen seiner Füße an einer alten Narbe wieder, wird aber zum Schweigen verpflichtet.
  - 21.–24. Gesang: Odysseus' Gattin Penelope lässt den Bogen des Odysseus zur Feststellung des Würdigsten unter den Freiern holen, nur Odysseus als Bettler besteht die Probe, gibt sich anschließend zu erkennen und tötet alle Freier (22. Gesang: sog. *Mnesterophonie*), nachdem er Penelope auf ihr Zimmer geschickt hat; diese ist entsetzt und fordert von Odysseus einen Beweis seiner Identität, den er anhand des Wissens um das selbst gefertigte Ehebett erbringt; die Gatten verbringen die Nacht mit Erzählungen (23. Gesang: *Anagnorismos:* „die Wiedererkennung"); im 24. Gesang stiftet Athene Frieden zwischen Odysseus und den Hinterbliebenen der getöteten Freier.

Homerische Formenlehre und sprachliche Besonderheiten

1. Sprache; Dialekt(e)

Die Sprache Homers ist eine Kunstsprache, zusammengesetzt hauptsächlich aus Formen des östlichen Insel-Ionisch und des kleinasiatischen Festland-Äolisch (wesentlich seltener sind arkadische und attische Lexeme und Formen).

2. Formenlehre

Typisches Merkmal sind generell altertümliche Endungen und die nicht durchgeführten Vokal-Kontraktionen, die die attische Schulgrammatik kennt; außerdem durchgehend -σσ- statt -ττ-.

a) Nominalflexion

Deklination	Form	besondere homerische Endung	Beispiele
o-Dekl.	Gen. Sg.	-οιο	Ὠκεανοῖο, φίλοιο
	Dat. Pl.	-οισι(ν)	φίλοισι(ν)
α/η-Dekl. a) m., f.	Dat. Pl.	-ῃσι(ν)	συνημοσύνῃσι(ν), τῇσι(ν)
	Gen. Pl.	-άων, -έων	ἁρμονμιάων, βουλέων
b) m.	Nom. Sg.	-α (selten)	μητίετα
	Gen. Sg.	-αο, -εω	Πηληιάδεω, Ἀτρεΐδαο
kons. Dekl. a) -εσ- Stämme	alle Kasus	unkontrahiert	γένεος
b) Halbvocalia	Gen. Sg.	-ιος	πόλιος
	Nom. Pl.	-εες, -ῆες	πόλεες, βασιλῆες
	Gen. Pl.	-ίων	πολίων
	Akk. Pl.	-εας, -ῆας	πόλεας, βασιλῆας

- ναῦς: Nom. Sg. meist νηῦς, Gen. auch νηός, Akk. νῆα, Dat. Pl. νηυσί(ν), Akk. Pl. auch νῆας
- πολύς: f. πολλή etc., aber m./n. (fast) durchgehend wie ταχύς, also z. B. Gen. Sg. πολέος, Nom. Pl. πολέες; Akk. Pl. auch πολέας (und daneben wiederum selten πολλός, ή, όν)

Suffixe

Im Vergleich zu späteren literarischen griechischen Dialekten verwendet die homerische Sprache noch sehr umfangreich Orts- und (ursprüngliche) Kasussuffixe:

– auf die Frage „wo“ -θι:
  οἴκοθι: zu Hause, τηλόθι: ferne
– auf die Frage „wohin“ -δε:
  οἶκόνδε: nach Hause, Οὐλυμπόνδε: auf den Olymp

- auf die Frage „woher“ -θεν:
  οἰκόθεν: von zu Hause, οὐρανόθεν: vom Himmel her
- zur Bildung des Instrumentalis -φι(ν):
  ἶφι: mit Macht (zu ἡ ἴς), βίηφι(ν): mit Gewalt (zu ἡ βίη, ης)

b) Pronomina

Personalpronomina
– 1. und 2. Pers. Sg. und Pl.: Gen. Sg. auch ἐμεῖο, ἐμέθεν; τέο, σέο, σεῖο, σέθεν; ἡμέων; ὑμέων (aber auch kontrahiert); Dat. 2. Pers. Sg. σοί, τοί (einsilbige Formen auch enklit.); Akk. auch ἄμμε, ἡμέας; ὔμμε, ὑμέας
– 3. Pers. Sg. und Pl.: Dat. Sg. οἱ; Akk. Sg. μιν; Pl. σφεις/σφεες, σφεων, σφι(σι)(ν), σφεας (alle enklit.); mit Akzent entsprechen diese Formen dem Reflexivpronomen.
– Duale: 1. Pers. Nom./Akk.: νῶϊ; Gen./Dat. νῶϊν; 2. Pers. Nom./Akk.: σφῶϊ, Gen./Dat. σφῶϊν; 3. Pers. Nom./Akk.: σφωε (enklit.), Gen./Dat. σφωιν (enklit.)

Demonstrativ- und Relativpronomina
So gut wie alle Formen des Artikels werden auch als Demonstrativ- („rel. Anschluss“) und Relativpronomina der 3. Pers. Sg./Pl. verwendet. Besonders zu beachten ist ὅ m. Sg. „er, dieser“; dieselbe Form kann auch n. sein und außerdem ὅτι „dass“ vertreten; daneben tritt das Relativpronomen aber auch in der attischen Form auf.

Possessivpronomina
– für 2. Pers. Sg.: σός σή, σόν; τεός, τεή, τεόν
– für 3.Pers. Sg. und Pl.: ὅς, ἥ, ὅν; ἑός, ἑή, ἑόν (wie lat. suus, a, um)

c) Verbalflexion

- Verba contracta (überwiegend) unkontrahiert, ebenso Futur der Liquida-Stämme (z. B. φανέει)
- im Nebentempus kann auch im Indikativ das *Augment* fehlen (ursprünglich sog. *Injunktiv*, bei Homer aber ohne aktuellen Bedeutungsunterschied: τεῦχε oder ἔτευχε)
- zu (fast) jedem Verbum ist ein *Imperfectum continuitivum* bzw. *intensivum* mit -σκ-Suffix bildbar
- (überwiegend) Ausfall des intervokalischen -σ- (aber: ἐσσι für εἶ; auch εἶς), doch die Endungen bleiben unkontrahiert: 2. Sg. m. -εαι, schwacher Aor. -αο, Imperf./starker Aor. -εο, ebenso Imperf. Medio-Passiv
- Infinitiv-Endungen -μεν(αι) statt -ναι, z. B. ἔμμεν(αι) statt εἶναι (fallweise auch statt -εν/-ειν)
- 3. Sg. Konj. -ῃσι(ν) statt -ῃ; -3. Pl. Aor. Passiv -εν statt -ησαν

3. Syntax

- αἴ κε(ν) steht für ἐάν, Zuweisung von Konj./Opt. bei ἄν/enklit. κε(ν) nicht eindeutig
- ὄφρα mit Konj./Opt. für „damit“, ebenso ὅπως (oft mit Indikativ Fut.)

1 Das Streit-Motiv

1.1 Proömium, Inhalt der Ilias und Ursachen des Streits

SPRACHLICHE UND INHALTLICHE VORERSCHLIESSUNG

1 Nennen Sie die wesentlichen Begriffe und Eigennamen im Proömium.

2 Stellen Sie Vermutungen an, auf welche Bereiche der Ihnen bekannten Troja-Sage sich die Ilias beziehen wird.

Ilias 1,1–28

Μῆνιν ἄειδε[1], θεά, Πηληιάδεω Ἀχιλῆος
οὐλομένην, ἣ μυρί᾽ Ἀχαιοῖς ἄλγε᾽ ἔθηκε,
πολλὰς δ᾽ ἰφθίμους ψυχὰς Ἄϊδι προΐαψεν
ἡρώων, αὐτοὺς δὲ ἑλώρια τεῦχε κύνεσσιν
οἰωνοῖσί τε πᾶσι, Διὸς δ᾽ ἐτελείετο βουλή,
ἐξ[2] οὗ δὴ τὰ πρῶτα[2] διαστήτην[3] ἐρίσαντε
Ἀτρεΐδης τε ἄναξ ἀνδρῶν καὶ δῖος Ἀχιλλεύς.
Τίς δ᾽ ἄρ[4] σφωε θεῶν ἔριδι ξυνέηκε μάχεσθαι;
Λητοῦς καὶ Διὸς υἱός· ὃ γὰρ βασιλῆι χολωθεὶς
νοῦσον ἀνὰ στρατὸν ὄρσε κακήν, ὀλέκοντο[5] δὲ λαοί,
οὕνεκα τὸν Χρύσην ἠτίμασεν ἀρητῆρα
Ἀτρεΐδης· ὃ γὰρ ἦλθε θοὰς ἐπὶ νῆας Ἀχαιῶν
λυσόμενός τε θύγατρα φέρων τ᾽ ἀπερείσι᾽ ἄποινα,
στέμματ᾽ ἔχων ἐν χερσὶν ἑκηβόλου Ἀπόλλωνος
χρυσέῳ ἀνὰ σκήπτρῳ, καὶ λίσσετο πάντας Ἀχαιούς,
Ἀτρεΐδα δὲ μάλιστα δύω, κοσμήτορε λαῶν·
„Ἀτρεΐδαι τε καὶ ἄλλοι ἐϋκνήμιδες Ἀχαιοί,
ὑμῖν μὲν θεοὶ δοῖεν Ὀλύμπια δώματ᾽ ἔχοντες
ἐκπέρσαι Πριάμοιο πόλιν, εὖ δ᾽ οἴκαδ᾽ ἱκέσθαι·
παῖδα δ᾽ ἐμοὶ λύσαιτε φίλην, τὰ δ᾽ ἄποινα δέχεσθαι[6],
ἁζόμενοι Διὸς υἱὸν ἑκηβόλον Ἀπόλλωνα."
Ἔνθ᾽ ἄλλοι μὲν πάντες ἐπευφήμησαν Ἀχαιοὶ
αἰδεῖσθαί θ᾽ ἱερῆα καὶ ἀγλαὰ δέχθαι[7] ἄποινα·

ἡ μῆνις, ιος: der Zorn
οὐλόμενος (= ὀλούμενος), η, ον: *hier*: verflucht
ἴφθιμος, ον: stark
προϊάπτω: vor-, hinwerfen
τὸ ἑλώριον, ου: die Beute
ξυνίημι: aneinander geraten lassen
τὸ στέμμα, ατος: die Kopfbinde
ἑκηβόλος, ου *m.*: der sicher Treffende *(Apollon)*
ὁ κοσμήτωρ, ήτορος: der Heerführer
ἐϋκνήμις, ιδος *m.*: mit schönen Beinschienen
ἅζομαι *DM*: ehren, achten
ἐπευφημέω: zustimmen

1 *Imperativ 2. Sg. zu* ἀείδω = ᾄδω: *singen* – 2 *„gleich sobald sie"* – 3 *3. Dual Aor. zu* διΐσταμαι *Med.: sich entzweien* – 4 = ἄρα – 5 = ἀπώλλυντο – 6 *imperativischer Inf.* – 7 = δέχθαι: *Inf. Aor. Med. zu* δέχομαι

ἀλλ᾽ οὐκ Ἀτρεΐδῃ Ἀγαμέμνονι ἥνδανε θυμῷ,
ἀλλὰ κακῶς ἀφίει, κρατερὸν δ᾽ ἐπὶ[8] μῦθον ἔτελλε·[8]
„Μή σε, γέρον, κοίλῃσιν ἐγὼ παρὰ νηυσὶ κιχείω[9]
ἢ νῦν δηθύνοντ᾽ ἢ ὕστερον αὖθις ἰόντα,
μή νύ τοι οὐ χραίσμῃ σκῆπτρον καὶ στέμμα θεοῖο."

ὁ μῦθος, ου: *hier:* der Befehl

δηθύνω: verweilen

χραισμέω, *Aor.* **ἔχραισμον**: nützen

8 *Tmesis* – 9 *1. Sg. Konj. Aor. zu* κιχάνω

LERNWORTSCHATZ

τὸ ἄλγος, εος	der Schmerz, das Leid	**λίσσομαι** *DM*	bitten, (an)flehen
τεύχω	bereiten, verschaffen	**ὁ λαός, οῦ**	das Volk; das Kriegsvolk, das Heer
ὁ οἰωνός, οῦ	der Vogel	**τὸ δῶμα, ατος**	das Haus; der Palast
ὁ ἄναξ, ακτος	der Herrscher	**(ἐκ)πέρθω**, *Aor.* **(ἐξ)έπερσα**	zerstören; plündern
δῖος, α, ον	herrlich, göttlich	**ἀγλαός, ή, όν**	strahlend, herrlich
χολόομαι *Pass.*	zürnen	**ἁνδάνω**	gefallen
ὄρνυμι, *Aor.* **ὦρσα**	antreiben; erregen; entstehen lassen	**κρατερός, ή, όν**	kräftig; gewalttätig
ὁ ἀρητήρ, ῆρος	der Priester	**(ἐπι)τέλλω**	auftragen
θοός, ή, όν	schnell, flink	**κιχάνω**	erreichen, antreffen
ἀπερείσιος, η, ον	unermesslich		
τὸ ἄποινον, ου	das Lösegeld		

ANALYSE UND INTERPRETATION

3 Erschließen Sie die wesentlichen Teile des antiken Epen-Proömiums.

4 Erarbeiten Sie die Gründe für den Streit zwischen Achill und Agamemnon und ordnen Sie diese in zeitlicher Reihenfolge.

5 Erläutern Sie, wie die Persönlichkeit Agamemnons anhand der im Text gebotenen Details plastisch dargestellt wird.

Vergleichstext: Äneis-Proömium

Die Waffentaten und den Helden besinge ich, der allen voran von Trojas Gestaden nach Italien kam und an die Küste von Lavinium, ein vom Schicksal getriebener Flüchtling. Viel wurde er zu Lande und auf dem Meer umhergetrieben durch der Götter Gewalt aufgrund von Junos grimmigem Zorn, vieles musste er auch im Krieg erdulden, bis er die Stadt gründen und die Götter nach Latium bringen konnte, woher das Latinergeschlecht stammt, die Väter von Alba und die Mauern des erhabenen Rom.

Vergil, Aeneis 1,1–7

6 Geben Sie an, welches Thema Vergil neben dem Kriegs-Motiv anspricht.

7 Vergleichen Sie die Zeitangaben in beiden Proömien: Wo liegt der hauptsächliche Unterschied?

8 Ermitteln Sie anhand der wesentlichen Prädikate, wie sich der römische Held von seinen Handlungen her (zunächst) von Achill unterscheidet.

1.2 Die Auseinandersetzung zwischen Achill und Agamemnon

1.2.1 Achills Vorschlag und Agamemnons Drohung

Achill hat den Seher Kalchas in einer Heeresversammlung aufgefordert, die Gründe für Apollons Zorn zu erklären, und dieser hat Agamemnons Verhalten als Ursache genannt. Agamemnon tobt, willigt aber in die von Kalchas genannten Bedingungen für die Besänftigung des Gottes ein.

SPRACHLICHE UND INHALTLICHE VORERSCHLIESSUNG

1 Erarbeiten Sie anhand des Vokabulars die wesentlichen Begriffe, die diese Auseinandersetzung prägen.

2 Stellen Sie Vermutungen an, wer das letzte Wort haben wird und warum dem so ist.

Ilias 1,116–140

„Ἀλλὰ καὶ ὣς ἐθέλω δόμεναι[1] πάλιν, εἰ τό γ' ἄμεινον·[2]
βούλομ'[3] ἐγὼ λαὸν σῶν ἔμμεναι ἢ[3] ἀπολέσθαι·
αὐτὰρ ἐμοὶ γέρας αὐτίχ' ἑτοιμάσατ', ὄφρα μὴ οἶος
Ἀργείων ἀγέραστος ἔω, ἐπεὶ οὐδὲ ἔοικε·
λεύσσετε γὰρ τό γε πάντες, ὅ μοι γέρας ἔρχεται ἄλλῃ."
Τὸν δ' ἠμείβετ' ἔπειτα ποδάρκης δῖος Ἀχιλλεύς·
„Ἀτρεΐδη κύδιστε, φιλοκτεανώτατε πάντων,
πῶς γάρ τοι δώσουσι γέρας μεγάθυμοι Ἀχαιοί;
Οὐδέ τί που ἴδμεν[4] ξυνήια κείμενα πολλά·
ἀλλὰ τὰ μὲν πολίων[5] ἐξεπράθομεν, τὰ δέδασται,[6]
λαοὺς δ' οὐκ ἐπέοικε παλίλλογα ταῦτ' ἐπαγείρειν.
Ἀλλὰ σὺ μὲν νῦν τήνδε θεῷ πρόες· αὐτὰρ Ἀχαιοὶ
τριπλῇ τετραπλῇ τ' ἀποτείσομεν, αἴ κέ ποθι Ζεὺς
δῷσι πόλιν Τροίην εὐτείχεον ἐξαλαπάξαι."[7]
Τὸν δ' ἀπαμειβόμενος προσέφη κρείων Ἀγαμέμνων·
„Μὴ δ' οὕτως ἀγαθός περ ἐών, θεοείκελ' Ἀχιλλεῦ,
κλέπτε νόῳ, ἐπεὶ οὐ παρελεύσεαι οὐδέ με πείσεις.
Ἦ ἐθέλεις, ὄφρ' αὐτὸς ἔχῃς γέρας, αὐτὰρ ἔμ' αὔτως
ἧσθαι δευόμενον, κέλεαι δέ με τήνδ' ἀποδοῦναι;
Ἀλλ' εἰ μὲν δώσουσι γέρας μεγάθυμοι Ἀχαιοὶ
ἄρσαντες κατὰ θυμόν, ὅπως ἀντάξιον ἔσται·[8]

ἀγέραστος, ον: ohne Ehrengabe
λεύσσω: erkennen
ἄλλῃ *Adv.*: anderswohin

φιλοκτέανος, ον: besitzgierig
μεγάθυμος, ον: hochherzig
τὸ ξυνήιον, ου: das gemeinsame Beutegut

παλίλλογος, ον: wieder eingesammelt
προΐημι: *hier:* überlassen

θεοείκελος, ον: göttergleich
νόῳ κλέπτειν: heucheln

δεύομαι *DM*: zweitrangig/bedürftig sein
ἀραρίσκω, *Aor.* **ἦρσα**: zusammenfügen, zustande bringen

---

1 = δοῦναι – 2 *erg.* ἐστι – 3 *„ich will lieber … als"* – 4 = ἴσμεν – 5 = πόλεων – 6 *3. Sg. Perf. Pass. zu* δαίομαι *DM: verteilen* – 7 *Inf. Aor. zu* ἐξαλαπάζω*: einnehmen* – 8 *erg. „dann wird's mir recht sein"*

εἰ δέ κε μὴ δώωσιν, ἐγὼ δέ κεν αὐτὸς ἕλωμαι·
ἢ τεὸν ἢ Αἴαντος ἰὼν γέρας, ἢ Ὀδυσῆος
ἄξω ἑλών· ὃ δέ κεν κεχολώσεται, ὅν κεν ἵκωμαι.
Ἀλλ' ἤτοι μὲν ταῦτα μεταφρασόμεσθα καὶ αὖθις."

μεταφράζομαι *Med.*: später überlegen

LERNWORTSCHATZ

ὁ λαός, οῦ	das Volk; das Kriegsvolk, das Heer	**τριπλῇ, τετραπλῇ** *Adv.*	drei-, vierfach
τὸ γέρας, αος	die Ehrengabe	**εὐτείχεος, ον**	wohl ummauert
σάος, ον, *kontrahiert* **σῶς, σῶν**	heil, unversehrt	**ὁ κρείων, κρείοντος**	herrschend; *(Subst.)* der Herrscher
ἑτοιμάζω	bereiten	**παρέρχομαι,** *Fut.* **παρελεύσομαι**	hintergehen, täuschen
οἶος, η, ον	einzig, alleine, nur	**κέλομαι** *DM*	auffordern
ποδάρκης, ες	schnellfüßig	**αὔτως** *Adv.*	vergeblich, umsonst
(ἐπ)έοικε(ν) *Perf.*	es gehört sich	**χολόομαι** *Pass.*	zürnen
κύδιστος, η, ον *(Sup.)*	der ruhmreichste		
(ἐκ)πέρθω, *Aor.* **(ἐξ)έπραθον**	zerstören; plündern		

1.2.2 Achills Reaktion und der endgültige Bruch

Ilias 1,148–187

Τὸν δ' ἄρ' ὑπόδρα ἰδὼν προσέφη πόδας ὠκὺς Ἀχιλλεύς·
„Ὦ μοι ἀναιδείην ἐπιειμένε, κερδαλεόφρον,
πῶς τίς τοι πρόφρων ἔπεσιν πείθηται Ἀχαιῶν
ἢ ὁδὸν ἐλθέμεναι ἢ ἀνδράσιν ἶφι μάχεσθαι;
Οὐ γὰρ ἐγὼ Τρώων ἕνεκ' ἤλυθον[1] αἰχμητάων
δεῦρο μαχησόμενος, ἐπεὶ οὔ τί μοι αἴτιοί εἰσιν·
οὐ γὰρ πώποτ' ἐμὰς βοῦς ἤλασαν οὐδὲ μὲν ἵππους,
οὐδέ ποτ' ἐν Φθίῃ[2] ἐριβώλακι βωτιανείρῃ
καρπὸν ἐδηλήσαντ', ἐπεὶ ἦ μάλα πολλὰ μεταξὺ
οὔρεά τε σκιόεντα θάλασσά τε ἠχήεσσα·
ἀλλὰ σοί, ὦ μέγ' ἀναιδές, ἅμ' ἑσπόμεθ', ὄφρα σὺ χαίρῃς,
τιμὴν ἀρνύμενοι Μενελάῳ σοί τε, κυνῶπα,
πρὸς Τρώων· τῶν οὔ τι μετατρέπῃ οὐδ' ἀλεγίζεις·
καὶ δή μοι γέρας αὐτὸς ἀφαιρήσεσθαι ἀπειλεῖς,
ᾧ ἔπι[3] πολλὰ μόγησα, δόσαν δέ μοι υἷες[4] Ἀχαιῶν.
Οὐ μὲν σοί ποτε ἶσον ἔχω γέρας, ὁππότ' Ἀχαιοὶ
Τρώων ἐκπέρσωσ' εὖ ναιόμενον πτολίεθρον·

κερδαλεόφρων, ον: gewinnsüchtig

ἡ ἴς, *Instrumentalis* **ἶφι**: die Stärke

ἐριβῶλαξ, ακος *f.*: großschollig

βωτιάνειρα, ης *f.*: männernährend

σκιόεις, εσσα, εν: schattig

ἠχήεις, εσσα, εν: rauschend

κυνώπης, ου *m.*: hundsgesichtig

μετατρέπομαι *Med. und* **ἀλεγίζω**: sich kümmern um

1 = ἦλθον – 2 ἡ Φθίη, ης: *Phthia, die Heimat Achills* – 3 *Postposition* – 4 = υἱοί

ἀλλὰ τὸ μὲν πλεῖον πολυάϊκος πολέμοιο
χεῖρες ἐμαὶ διέπουσ'· ἀτὰρ ἤν ποτε δασμὸς ἵκηται,
σοὶ τὸ γέρας πολὺ μεῖζον, ἐγὼ δ' ὀλίγον τε φίλον τε
ἔρχομ' ἔχων ἐπὶ νῆας, ἐπεί κε κάμω πολεμίζων.
Νῦν δ' εἶμι Φθίηνδ',[2] ἐπεὶ ἦ πολὺ φέρτερόν ἐστιν
οἴκαδ' ἴμεν σὺν νηυσὶ κορωνίσιν, οὐδέ σ' ὀΐω[5]
ἐνθάδ' ἄτιμος ἐὼν ἄφενος καὶ πλοῦτον ἀφύξειν."
Τὸν δ' ἠμείβετ' ἔπειτα ἄναξ ἀνδρῶν Ἀγαμέμνων·
„Φεῦγε μάλ', εἴ τοι θυμὸς ἐπέσσυται,[6] οὐδέ σ' ἔγωγε
λίσσομαι εἵνεκ' ἐμεῖο μένειν· πάρ' ἔμοιγε καὶ ἄλλοι
οἵ κέ με τιμήσουσι, μάλιστα δὲ μητίετα Ζεύς.
Ἔχθιστος δέ μοί ἐσσι διοτρεφέων βασιλήων·
αἰεὶ γάρ τοι ἔρις τε φίλη πόλεμοί τε μάχαι τε·
εἰ μάλα καρτερός ἐσσι, θεός που σοὶ τό γ' ἔδωκεν·
οἴκαδ' ἰὼν σὺν νηυσί τε σῇς καὶ σοῖς ἑτάροισι
Μυρμιδόνεσσιν[7] ἄνασσε, σέθεν δ' ἐγὼ οὐκ ἀλεγίζω
οὐδ' ὄθομαι κοτέοντος· ἀπειλήσω δέ τοι ὧδε·
Ὡς ἔμ' ἀφαιρεῖται Χρυσηΐδα[8] Φοῖβος Ἀπόλλων,
τὴν μὲν ἐγὼ σὺν νηΐ τ' ἐμῇ καὶ ἐμοῖς ἑτάροισι
πέμψω, ἐγὼ δέ κ' ἄγω Βρισηΐδα[9] καλλιπάρῃον
αὐτὸς ἰὼν κλισίηνδε τὸ σὸν γέρας, ὄφρ' ἐὺ εἰδῇς,
ὅσσον φέρτερός εἰμι σέθεν, στυγέῃ δὲ καὶ ἄλλος
ἶσον ἐμοὶ φάσθαι[10] καὶ ὁμοιωθήμεναι ἄντην."

πολυάϊξ, ϊκος: hin und her wogend

διέπω: verrichten

ὁ δασμός, οῦ: die Aufteilung

ὀλίγον τε φίλον τε: „klein, aber lieb" *(ironisch)*

πολεμίζω = πολεμέω

κορωνίς, ίδος *f.*: gekrümmt

τὸ ἄφενος, εος: *hier:* der Besitz

ἀφύσσω, *Fut.* **ἀφύξω**: aufhäufen

μητίετα *Nom./Vok. Sg.*: der in der Höhe Waltende *(Zeus)*

ἔχθιστος, η, ον: *Sup. zu* ἐχθρός: feindlich, verhasst

διοτρεφής, ές: von Zeus umsorgt

ἀλεγίζω *und* **ὄθομαι** *DM*: sich kümmern um

κοτέω: grollen

ἄντην *Adv.*: offen; ins Gesicht

---

5 = οἴομαι – 6 *3. Sg. Perf. Pass. zu* ἐπισ(σ)εύω: *antreiben* – 7 οἱ Μυρμιδόνες, ων: *die Myrmidonen, Gefolgsleute Achills* – 8 ἡ Χρυσηΐς, ΐδος: *Chryseis, die Tochter des Priesters Chryses, Beutefrau Agamemnons* – 9 ἡ Βρισηΐς, ΐδος: *Briseis, Beutefrau Achills* – 10 *Inf. Med. zu* φημί: *sagen; beanspruchen*

LERNWORTSCHATZ

ὑπόδρα *Adv.*	schief, „von unten"	**ναίω**	(be)wohnen
ὠκύς, εῖα, ύ	schnell	**κάμνω**, *Aor.* **ἔκαμον**	sich abmühen; müde werden
(ἐπι)ἕννυμι, *Part. Perf. Pass.* **(ἐπι)ειμένος**	bekleiden	**φέρτερος** *(Komp.)*	besser, tüchtiger
ἡ ἀναιδείη, ης	die Unverschämtheit	**ὁ ἄναξ, ακτος**	der Herrscher
ὁ αἰχμητής, οῦ	der Lanzenkämpfer	**λίσσομαι** *DM*	bitten, (an)flehen
πρόφρων, ον	wohlmeinend; bereitwillig	**ἀνάσσω**	herrschen
δηλέομαι *DM*	vernichten	**ἡ κλισίη, ης**	die Hütte
ἄρνυμαι *DM*	erwerben; sich mühen um	**στυγέω**	verabscheuen
μογέω	sich abmühen (um)	**ὁμοιόω**	gleichstellen
τὸ πτολίεθρον, ου	die (befestigte) Stadt		

ANALYSE UND INTERPRETATION

1 Nennen Sie alle Ausdrücke, die sich auf Emotionen beziehen, und erschließen Sie daraus die Gemütssituation der Streitparteien.
2 Erarbeiten Sie die Argumentation Agamemnons unter Berücksichtigung seiner Rolle als Heerführer.
3 Analysieren Sie, wo Achill seine Rolle als Gefolgsmann aufgibt und wo seiner Meinung nach Druckmittel einsetzbar sind.
4 Stellen Sie Vermutungen an, welche Gestalt im Bild rechts oben Achill in den Arm fällt, und warum sie das tut.

Der Zorn des Achill. Gemälde von Michel Martin Drolling, 1810, Paris, École nationale supérieure des beaux-arts

2 Helden und Zweikämpfe aus der Nähe

2.1 Priamos und Helena vor der Mauerschau

Ein Zweikampf zwischen Paris und Menelaos um Helena soll den Krieg beenden und weiteres Blutvergießen vermeiden. Die Alten der Trojaner beobachten von einem Turm aus den Aufmarsch vor den Mauern, als sich Helena ihnen nähert.

SPRACHLICHE UND INHALTLICHE VORERSCHLIESSUNG

1 Analysieren Sie die Situation, in der sich Priamos als König von Troja und Helena als der eigentliche Kriegsgrund befinden.

2 Ermitteln Sie im Text Wörter, die sich auf Stimmungen und Gemütsregungen beziehen.

Ilias 3,154–180

Οἳ δ᾽ ὡς οὖν εἴδονθ᾽[1] Ἑλένην ἐπὶ πύργον ἰοῦσαν,
ἦκα πρὸς ἀλλήλους ἔπεα πτερόεντ᾽ ἀγόρευον·
„Οὐ νέμεσις[2] Τρῶας καὶ ἐϋκνήμιδας Ἀχαιοὺς
τοιῇδ᾽ ἀμφὶ γυναικὶ πολὺν χρόνον ἄλγεα πάσχειν·
αἰνῶς ἀθανάτῃσι θεῇς εἰς ὦπα ἔοικεν·
ἀλλὰ καὶ ὧς τοίη περ ἐοῦσ᾽ ἐν νηυσὶ νεέσθω,
μηδ᾽ ἡμῖν τεκέεσσί τ᾽ ὀπίσσω πῆμα λίποιτο.“
Ὣς ἄρ᾽ ἔφαν,[3] Πρίαμος δ᾽ Ἑλένην ἐκαλέσσατο φωνῇ·
„Δεῦρο πάροιθ᾽ ἐλθοῦσα, φίλον τέκος, ἵζευ[4] ἐμεῖο,
ὄφρα ἴδῃ πρότερόν τε πόσιν πηούς τε φίλους τε·
οὔ τί μοι αἰτίη ἐσσί, θεοί νύ μοι αἴτιοί εἰσιν,
οἵ μοι ἐφώρμησαν πόλεμον πολύδακρυν Ἀχαιῶν·
ὥς μοι καὶ τόνδ᾽ ἄνδρα πελώριον ἐξονομήνῃς,
ὅς τις ὅδ᾽ ἐστὶν Ἀχαιὸς ἀνὴρ ἠΰς τε μέγας τε.
Ἤτοι μὲν κεφαλῇ καὶ μείζονες ἄλλοι ἔασι,[5]
καλὸν δ᾽ οὕτω ἐγὼν οὔ πω ἴδον ὀφθαλμοῖσιν,
οὐδ᾽ οὕτω γεραρόν· βασιλῆϊ[6] γὰρ ἀνδρὶ ἔοικε.“
Τὸν δ᾽ Ἑλένη μύθοισιν ἀμείβετο δῖα γυναικῶν·
„Αἰδοῖός τέ μοί ἐσσι, φίλε ἑκυρέ, δεινός τε·
ὡς ὄφελεν θάνατός μοι ἁδεῖν κακός, ὁππότε δεῦρο
υἱέϊ σῷ ἑπόμην θάλαμον γνωτούς τε λιποῦσα
παῖδά τε τηλυγέτην καὶ ὁμηλικίην ἐρατεινήν.

ἦκα *Adv.*: leise

ἐϋκνήμις, ιδος *m.*: mit schönen Beinschienen

ἡ ὤψ, ὠπός: das Auge; das Gesicht

ὁ πηός, οῦ: der Schwager; der Verwandte

πολύδακρυς, υ: tränenreich

πελώριος, η, ον: gewaltig

γεραρός, ή, όν: hervorragend

ὁ ἑκυρός, οῦ: der Schwiegervater

ὀφείλω, *Aor.* **ὤφελον**: müssen, schulden; + *Inf.*: hätte doch …

τηλυγέτης, ου *m.*: lieb

ἡ ὁμηλικίη, ης: die Gemeinschaft

1 = εἴδοντο – 2 οὐ νέμεσις (*erg.* ἐστι) +*AcI*: *„es ist nicht tadelnswert, dass“* – 3 = ἔφασαν – 4 = ἵζου – 5 = εἰσί – 6 *hier: Adj.*

Ἀλλὰ τά γ᾽ οὐκ ἐγένοντο· τὸ καὶ κλαίουσα τέτηκα.
Τοῦτο δέ τοι ἐρέω, ὅ μ᾽ ἀνείρεαι ἠδὲ μεταλλᾷς·
Οὗτός γ᾽ Ἀτρεΐδης εὐρὺ κρείων Ἀγαμέμνων,
ἀμφότερον,[7] βασιλεύς τ᾽ ἀγαθὸς κρατερός τ᾽ αἰχμητής·
δαὴρ αὖτ᾽ ἐμὸς ἔσκε[8] κυνώπιδος, εἴ ποτ᾽ ἔην[9] γε.“

τήκω, *Perf.* **τέτηκα**: dahinwelken
μεταλλάω: ausfragen, forschen

ὁ δαήρ, ἦρος: der Schwager
κυνῶπις, -ιδος *f.*: hundsgesichtig, schamlos

7 „(er ist) beides, (nämlich…)“ – 8 3. Sg. Imperf. zu εἰμί *– 9 gemeint ist „schon lange her“*

LERNWORTSCHATZ

πτερόεις, εσσα, εν	geflügelt	**αἰδοῖος, η, ον**	ehrwürdig; bescheiden
τὸ ἄλγος, εος	der Schmerz, das Leid	**ἁνδάνω,** *Aor.* **ἕαδον**	gefallen; zufallen
αἰνός, ή, όν	schrecklich; *Adv.*: sehr	**γνωτός, ή, όν**	bekannt
ἔοικα *Perf.*	gleichen	**ὁ θάλαμος, ου**	das Schlafgemach
νέομαι *DM*	(heim)kommen	**κλαίω**	weinen, (be)jammern
τὸ πῆμα, ατος	das Leid, das Unheil	**ἀνείρομαι** *DM*	(be)fragen
ἵζομαι *Med.*	sich setzen	**εὐρύς, εῖα, ύ**	weit, breit
ἐφορμάω	in Bewegung setzen	**ὁ κρείων, κρείοντος**	herrschend; *(Subst.)* der Herrscher
(ἐξ)ὀνομαίνω, *Aor.* **(ἐξ)ωνόμηνα**	(be)nennen	**κρατερός, ή, όν**	kräftig; gewalttätig
ἠΰς (ἐΰς), ἠΰ (ἐΰ)	gut, edel	**ὁ αἰχμητής, οῦ**	der Lanzenkämpfer
δῖος, α, ον	herrlich, göttlich		

ANALYSE UND INTERPRETATION

3 Erörtern Sie, welche Haltung Priamos gegenüber Helena einnimmt, und diskutieren Sie mögliche Alternativen.

4 Beschreiben Sie den seelischen Zwiespalt, mit dem Helena seit ihrer „Entführung“ kämpft.

Vergleichstext: Die Macht des Eros

So hat unsere Wahrnehmung Eindrücke der wahrgenommenen Phänomene in unseren Verstand eingeprägt; und was uns zum Beispiel Angst macht, bleibt dort, und was dort bleibt, hat dieselbe Wirkung wie das, wovon sich unser Verstand überzeugt. Vieles jedoch hat in vielen schon Liebe und Sehnsucht nach vielen Körpern und Handlungen entstehen lassen. Wenn also die Wahrnehmung Helenas an der äußeren Erscheinung des Paris Gefallen fand und ihrer Seele Bereitschaft und die Regung des Eros vermittelte, was ist daran verwunderlich? Wenn dieser nun als Gott die Macht der Götter besitzt, wie könnte ihn die schwächere Natur von sich stoßen und sich seiner erwehren? Wenn es aber ein menschlicher Defekt und eine Fehlleistung der Seele ist, darf es nicht als Sünde getadelt werden, sondern muss als Unglücksfall gelten; sie kam also, so wie sie nach Troja kam, in den Fängen des Schicksals, nicht aus verstandesgemäßer Überlegung, und im Zwang des Eros, nicht weil es so geplant wurde.

Gorgias, Lob der Helena 15–19 (gekürzt)

5 Der berühmte Sophist Gorgias aus Leontinoi (um 480–390 v. Chr.) versucht in diesem Meisterstück der Argumentationskunst, Helena von aller Schuld freizusprechen.
a Analysieren Sie seine Argumente aus der Sicht der Wahrnehmungspsychologie.
b Erläutern Sie, wie der Hinweis auf eine derartige psychische Disposition heutzutage vor Gericht eingesetzt wird.

2.2 Die Diomedie

2.2.1 Zweikampf Diomedes gegen Ainias und das Eingreifen Aphrodites

Der heimtückische Pfeilschuss des Pandaros hat die Entscheidung zwischen Menelaos und Paris verhindert. Eine fürchterliche Schlacht bricht los, in der Diomedes den Wagenlenker des Ainias – eben diesen Pandaros – tötet; dieser stürzt vom Streitwagen zu Boden.

SPRACHLICHE UND INHALTLICHE VORERSCHLIESSUNG

1 Nennen Sie Begriffe aus dem Text, die Waffen, Körperteile und deren Verletzung beschreiben.
2 Erschließen Sie Motivation und Eingreifen der Aphrodite anhand der im Text genannten Verwandtschaftsverhältnisse.

Ilias 5,297–318

Αἰνείας δ᾽ ἀπόρουσε σὺν ἀσπίδι δουρί τε μακρῷ,
δείσας μή πώς οἱ ἐρυσαίατο[1] νεκρὸν Ἀχαιοί.
Ἀμφὶ δ᾽ ἄρ᾽ αὐτῷ βαῖνε λέων ὣς ἀλκὶ[2] πεποιθώς,
πρόσθε δέ οἱ δόρυ τ᾽ ἔσχε καὶ ἀσπίδα πάντοσ᾽ ἐΐσην,
τὸν κτάμεναι[3] μεμαώς, ὅς τις τοῦ γ᾽ ἀντίος ἔλθοι,
σμερδαλέα ἰάχων· ὃ δὲ χερμάδιον λάβε χειρὶ
Τυδεΐδης, μέγα ἔργον, ὃ οὐ δύο γ᾽ ἄνδρε φέροιεν,
οἷοι νῦν βροτοί εἰσ᾽· ὃ δέ μιν ῥέα πάλλε καὶ οἶος.
Τῷ βάλεν Αἰνείαο κατ᾽ ἰσχίον, ἔνθα τε μηρὸς
ἰσχίῳ ἐνστρέφεται, κοτύλην δέ τέ μιν καλέουσι·
θλάσσε δέ οἱ κοτύλην, πρὸς δ᾽ ἄμφω ῥῆξε τένοντε·
ὦσε[4] δ᾽ ἀπὸ[4] ῥινὸν τρηχὺς λίθος· αὐτὰρ ὅ γ᾽ ἥρως
ἔστη γνὺξ ἐριπὼν καὶ ἐρείσατο χειρὶ παχείῃ
γαίης· ἀμφὶ δὲ ὄσσε κελαινὴ νὺξ ἐκάλυψε.
Καί νύ κεν ἔνθ᾽ ἀπόλοιτο ἄναξ ἀνδρῶν Αἰνείας,
εἰ μὴ ἄρ᾽ ὀξὺ νόησε Διὸς θυγάτηρ Ἀφροδίτη
μήτηρ, ἥ μιν ὑπ᾽ Ἀγχίσῃ τέκε βουκολέοντι·
ἀμφὶ δ᾽ ἑὸν φίλον υἱὸν ἐχεύατο πήχεε λευκώ,
πρόσθε δέ οἱ πέπλοιο φαεινοῦ πτύγμα κάλυψεν
ἕρκος ἔμεν βελέων, μή τις Δαναῶν ταχυπώλων
χαλκὸν ἐνὶ στήθεσσι βαλὼν ἐκ[4] θυμὸν ἕλοιτο.[4]
Ἡ μὲν ἑὸν φίλον υἱὸν ὑπεξέφερεν πολέμοιο.

ἀπορούω: fortstürzen, abspringen
ὁ νεκρός, οῦ: *hier:* der Leichnam
πείθομαι *DM*: gehorchen, *Perf.* **πέποιθα**: vertrauen
παντόσ᾽(ε) ἔϊσος, η, ον: allseits gerundet
τὸ χερμάδιον, ου: der Feldstein
πάλλω: schwingen
τὸ ἰσχίον, ου: die Hüfte
ἡ κοτύλη, ης: die (Gelenk-)Pfanne
θλάσσω: zerbrechen
ὁ τένων, οντος: die Sehne
ἡ ῥινός, οῦ: die Haut
τρηχύς, εῖα, ύ: scharf, spitz
γνύξ *Adv.*: auf die Knie
βουκολέω: Hirtendienst tun
ὁ πῆχυς, πήχεος: der Unterarm
τὸ πτύγμα, ατος: die Falte, der Rockzipfel
ταχύπωλος, ον: mit schnellen Pferden
ὑπεκφέρω: heimlich entfernen

1 = ἐρύσαιντο – 2 ἀλκί: *der Stärke (Dat. Sg.)* – 3 *Inf. Aor. zu* κτείνω – 4 *Tmesis*

LERNWORTSCHATZ

ἐρύω	(weg)ziehen	**ἐρείδω**	(ab)stützen
μέμαα *Perf.*	begehren	**παχύς, εῖα, ύ**	dick; kräftig
σμερδαλέος, η, ον	fürchterlich	**τὼ ὄσσε** *Nom./Akk. Dual*	die (beiden) Augen
ἰάχω	brüllen	**κελαινός, ή, όν**	dunkel
βροτός, ή, όν	sterblich	**ὁ ἄναξ, ακτος**	der Herrscher
ῥεῖα *oder* **ῥέα** *Adv.*	leicht, mühelos	**χέω,** *Aor.* **ἔχε(υ)α**	ausgießen, -strecken
οἶος, η, ον	einzig, alleine, nur	**ὁ πέπλος, ου**	das Kleid
ὁ μηρός, οῦ	der Oberschenkel	**φαεινός, ή, όν**	glänzend, strahlend
ῥήγνυμι, *Aor.* **ἔρρηξα**	zerbrechen, zerreißen	**τὸ ἕρκος, εος**	das Gehege; der Schutz
ὠθέω, *Aor.* **ἔωσα/ὦσα**	stoßen	**τὸ στῆθος, εος**	die Brust
ἐρείπω, *Aor.* **ἤριπον**	fallen		

2.2.2 Diomedes' unglaublicher Angriff auf Aphrodite

SPRACHLICHE UND INHALTLICHE VORERSCHLIESSUNG

1 Stellen Sie alle Wörter zusammen, die ein Erkennen, Empfinden oder Begreifen ausdrücken.

Ilias 5,330–352

Ὁ δὲ Κύπριν ἐπῴχετο νηλέϊ χαλκῷ
γιγνώσκων ὅ τ' ἄναλκις ἔην θεός, οὐδὲ θεάων
τάων, αἵ τ' ἀνδρῶν πόλεμον κάτα[1] κοιρανέουσιν,
οὔτ' ἄρ' Ἀθηναίη οὔτε πτολίπορθος Ἐνυώ.[2]
Ἀλλ' ὅτε δή ῥ' ἐκίχανε πολὺν καθ' ὅμιλον ὀπάζων,
ἔνθ' ἐπορεξάμενος μεγαθύμου Τυδέος υἱὸς
ἄκρην οὔτασε χεῖρα μετάλμενος ὀξέϊ δουρὶ
ἀβληχρήν· εἶθαρ δὲ δόρυ χροὸς ἀντετόρησεν
ἀμβροσίου διὰ πέπλου, ὅν οἱ Χάριτες κάμον αὐταί,
πρυμνὸν ὕπερ θέναρος· ῥέε δ' ἄμβροτον αἷμα θεοῖο
ἰχώρ, οἷός πέρ τε ῥέει μακάρεσσι θεοῖσιν·
οὐ γὰρ σῖτον ἔδουσ', οὐ πίνουσ' αἴθοπα οἶνον,
τοὔνεκ'[3] ἀναίμονές εἰσι καὶ ἀθάνατοι καλέονται.
Ἡ δὲ μέγα ἰάχουσα ἀπὸ ἕο κάββαλεν[4] υἱόν·
καὶ τὸν μὲν μετὰ χερσὶν ἐρύσατο Φοῖβος Ἀπόλλων
κυανέῃ νεφέλῃ, μή τις Δαναῶν ταχυπώλων
χαλκὸν ἐνὶ στήθεσσι βαλὼν ἐκ[5] θυμὸν ἕλοιτο·[5]
τῇ δ' ἐπὶ μακρὸν ἄϋσε βοὴν ἀγαθὸς Διομήδης·
„Εἶκε, Διὸς θύγατερ, πολέμου καὶ δηιοτῆτος·

ἄναλκις, ιδος: schwach
πτολίπορθος, ον: städtezerstörend
οὐτάζω: verwunden
ἀβληχρός, ή, όν: zart, schwach
εἶθαρ *Adv.*: sofort
ἀντιτορέω: durchbohren
τὸ θέναρος, εος: die Handwurzel
ἔδω: essen
ἀναίμων, ον: blutleer
ταχύπωλος, ον: mit schnellen Pferden
ἡ δηιοτής, ῆτος: das Gemetzel

---

1 *Postposition* – 2 ἡ Ἐνυώ, οῦς: *Enyo, Dämonin des Kriegsgetümmels, Begleiterin des Ares* – 3 = τοῦ ἕνεκα – 4 = κατέβαλεν – 5 *Tmesis*

ἦ οὐχ ἅλις, ὅττι γυναῖκας ἀνάλκιδας ἠπεροπεύεις;
Εἰ δὲ σύ γ᾽ ἐς πόλεμον πωλήσεαι, ἦ τέ σ᾽ ὀΐω[6]
ῥιγήσειν πόλεμόν γε, καὶ εἴ χ᾽ ἑτέρωθι πύθηαι.“
Ὣς ἔφαθ᾽, ἣ δ᾽ ἀλύουσ᾽ ἀπεβήσετο[7], τείρετο δ᾽ αἰνῶς.

ἠπεροπεύω: betören
πωλέομαι *DM*: gehen, wandeln
ἑτέρωθι *Adv.*: von ferne
ἀλύω: jammern
τείρω: zerreiben; quälen

6 = οἴομαι – 7 *3. Sg. Aor. Med. zu* ἀποβαίνω

LERNWORTSCHATZ

(ἐπ)οἴχομαι	(los)gehen auf (+ *Akk.*)	**ὁ χρώς, χρωτός** *oder* **χροός**	die Haut
νηλ(ε)ής, ές	erbarmungslos	**κάμνω,** *Aor.* **ἔκαμον**	sich abmühen
κιχάνω	erreichen, antreffen	**πρυμνός, ή, όν**	der hinterste, unterste
ὁ ὅμιλος, ου	der Verkehr; das Getümmel	**αἶθοψ, οπος**	rötlich
ὀπάζω	mitgehen; verfolgen	**κυάνεος, η, ον**	(dunkel)blau
(ἐπ)ὀρέγνυμι, *Aor.* **(ἐπ)ὤρεξα**	ausstrecken	**ἐρύομαι** *DM*	retten
μεθάλλομαι, *Part. Aor.* **μετάλμενος**	nachspringen	**εἴκω**	weichen, nachgeben
ἀμβρόσιος, η, ον *oder* **ἄμβροτος, ον**	unsterblich	**ἅλις** *Adv.*	genug
		αἰνός, ή, όν	schrecklich; *Adv.:* sehr

ANALYSE UND INTERPRETATION

2 Beschreiben Sie, was an Diomedes’ Vorgehen ungewöhnlich ist und gegen die Leseerwartung verstößt.

3 Schließen Sie aus den Worten des Diomedes auf mögliche Züge in Homers Einstellung zum Krieg schlechthin.

Rückkehr der verwundeten Venus in den Olymp. Gemälde von Jean-Auguste-Dominique Ingres, um 1805/06, Basel, Kunstmuseum

Hektor und Andromache 3

3.1 Der Abschied Hektors

Hektor will vor die Mauern Trojas in den Kampf ziehen, und seine Gattin Andromache, mit dem gemeinsamen Sohn im Arm, spricht ihn ein letztes Mal an.

SPRACHLICHE UND INHALTLICHE VORERSCHLIESSUNG

1 Erarbeiten Sie anhand der Verbalformen die Befürchtungen und Ängste, die in diesem Gespräch geäußert werden.
2 Ermitteln Sie anhand des Vorkommens der Völkernamen, welche Bedeutung die Kriegsparteien für die Emotionen der beiden Ehepartner haben.

Ilias 6,407–471 (gekürzt)

„Δαιμόνιε, φθίσει σε τὸ σὸν μένος, οὐδ᾽ ἐλεαίρεις
παῖδά τε νηπίαχον καὶ ἔμ᾽ ἄμμορον, ἣ τάχα χήρη
σεῦ ἔσομαι· τάχα γάρ σε κατακτανέουσιν[1] Ἀχαιοὶ
πάντες ἐφορμηθέντες· ἐμοὶ δέ κε κέρδιον εἴη
σεῦ ἀφαμαρτούσῃ χθόνα δύμεναι· οὐ γὰρ ἔτ᾽ ἄλλη
ἔσται θαλπωρή, ἐπεὶ ἂν σύ γε πότμον ἐπίσπῃς,
ἀλλ᾽ ἄχε᾽· οὐδέ μοι ἔστι πατὴρ καὶ πότνια μήτηρ.
[…]
Ἀλλ᾽ ἄγε νῦν ἐλέαιρε καὶ αὐτοῦ μίμν᾽[2] ἐπὶ πύργῳ,
μὴ παῖδ᾽ ὀρφανικὸν θήῃς[3] χήρην τε γυναῖκα·
λαὸν δὲ στῆσον παρ᾽ ἐρινεόν, ἔνθα μάλιστα
ἀμβατός ἐστι πόλις καὶ ἐπίδρομον ἔπλετο τεῖχος.
[…]"
Τὴν δ᾽ αὖτε προσέειπε μέγας κορυθαίολος Ἕκτωρ·
„Ἦ καὶ ἐμοὶ τάδε πάντα μέλει, γύναι· ἀλλὰ μάλ᾽ αἰνῶς
αἰδέομαι Τρῶας καὶ Τρῳάδας ἑλκεσιπέπλους,
αἴ κε κακὸς ὣς νόσφιν ἀλυσκάζω πολέμοιο·
οὐδέ με θυμὸς ἄνωγεν, ἐπεὶ μάθον ἔμμεναι ἐσθλὸς
αἰεὶ καὶ πρώτοισι μετὰ Τρώεσσι μάχεσθαι
ἀρνύμενος πατρός τε μέγα κλέος ἠδ᾽ ἐμὸν αὐτοῦ.
Εὖ γὰρ ἐγὼ τόδε οἶδα κατὰ φρένα καὶ κατὰ θυμόν·
ἔσσεται ἦμαρ, ὅτ᾽ ἄν ποτ᾽ ὀλώλῃ Ἴλιος ἱρὴ[4]
καὶ Πρίαμος καὶ λαὸς ἐϋμμελίω Πριάμοιο.

νηπίαχος, ον: kindlich schreiend
ἄμμορος, ον: unglücklich
ἁμαρτάνω *(+ Gen.)*: *hier:* verlieren
ἡ θαλπωρή, ῆς: der Trost
ἀλλ᾽ ἄγε: „nun mach' doch und …"
ὁ ἐρινεός, οῦ: der Feigenbaum
ἀμβατός, ή, όν: zugänglich
ἐπίδρομος, ον: angreifbar
ἑλκεσίπεπλος, ον: mit langen Gewändern
ἀλυσκάζω: sich zurückziehen
ἐϋμμελίης, ου *m.*: mit eschener Lanze

1 = κατακτενοῦσιν – 2 = μένε – 3 *2. Sg. Konj. Aor. zu* τίθημι: *hier: machen zu …* – 4 = ἱερή

Ἀλλ’ οὔ μοι Τρώων τόσσον μέλει ἄλγος ὀπίσσω,
οὔτ’ αὐτῆς Ἑκάβης οὔτε Πριάμοιο ἄνακτος
οὔτε κασιγνήτων, οἵ κεν πολέες[5] τε καὶ ἐσθλοὶ
ἐν κονίῃσι πέσοιεν ὑπ’ ἀνδράσι δυσμενέεσσιν,
ὅσσον σεῦ, ὅτε κέν τις Ἀχαιῶν χαλκοχιτώνων
δακρυόεσσαν ἄγηται ἐλεύθερον ἦμαρ ἀπούρας.
[...]
Ἀλλά με τεθνηῶτα χυτὴ κατὰ[6] γαῖα καλύπτοι[6]
πρίν γέ τι σῆς τε βοῆς σοῦ θ’ ἑλκηθμοῖο πυθέσθαι.“
Ὣς εἰπὼν οὗ παιδὸς ὀρέξατο φαίδιμος Ἕκτωρ·
ἂψ δ’ ὁ πάϊς πρὸς κόλπον ἐϋζώνοιο τιθήνης
ἐκλίνθη ἰάχων πατρὸς φίλου ὄψιν ἀτυχθεὶς
ταρβήσας χαλκόν τε ἰδὲ λόφον ἱππιοχαίτην,
δεινὸν ἀπ’ ἀκροτάτης κόρυθος νεύοντα νοήσας.
Ἐκ δ’ ἐγέλασσε πατήρ τε φίλος καὶ πότνια μήτηρ.

ἀπαυράω, *Part. Aor.* **ἀπούρας**: rauben

χυτός, ή, όν: aufgeschüttet

ὁ ἑλκεθμός, οῦ: die Verschleppung

ἡ τιθήνη, ης: die Amme

ἀτύζω, *Part. Aor. Pass.* **ἀτυχθείς**: erschrecken

ἰδέ: und

ἱππιοχαίτης, ου *m.*: aus Pferdehaar

---

5 = πολλοί – 6 *Tmesis*

LERNWORTSCHATZ

τὸ μένος, εος	die Wut; der Mut	**νόσφι(ν)** *(+ Gen.)*	getrennt von; fern (von); außer
ἐλεαίρω	sich erbarmen *(+ Akk.)*	**ἄνωγα** *Perf.*	befehlen
(ἐφ)ορμάω	in Bewegung setzen	**ἄρνυμαι** *DM*	erwerben; sich mühen um
ἡ χήρη, ης	die Witwe	**τὸ κλέος, ους**	der Ruhm
(ἀγαθός)	gut, einträglich	**ὁ ἄναξ, ακτος**	der Herrscher
Komp. **κερδίων, ιον**		**ὁ κασίγνητος, ου**	der Bruder
Sup. **κέρδιστος, η, ον**		**ἡ κονίη, ης**	der Sand, der Staub
ὁ πότμος, ου	das Schicksal	**δυσμενής, ές**	böswillig, übel gesonnen
ἐφέπω, *Aor.* **ἐπέσπον**	folgen, erreichen	**χαλκοχιτών, ῶνος** *m.*	mit ehernem Leibrock
τὸ ἄλγος, εος	der Schmerz, das Leid	**ὀρέγνυμι,** *Aor.* **ὤρεξα**	ausstrecken
ὀρφανικός, ή, όν	verwaist	**φαίδιμος, ον**	strahlend, glänzend
ὁ λαός, οῦ	das Volk; das Kriegsvolk, das Heer	**ἄψ** *Adv.*	fort, zur Seite
πέλομαι *DM, 3. Sg. Aor.* **ἔπλετο** *(mit Präs.-Bed.)*	sich entwickeln, werden; sich aufhalten, sein	**ὁ κόλπος, ου**	der Busen
κορυθαίολος, ου *m.*	mit wehendem Helmbusch *(Hektor)*	**ταρβέω**	erschrecken
αἰνός, ή, όν	schrecklich; *Adv.:* sehr	**ὁ λόφος, ου**	der Helmbusch
		ἡ κόρυς, υθος	der Helm
		νεύω	nicken; schwanken

ANALYSE UND INTERPRETATION

3 Ermitteln Sie alle an dieser Szene beteiligten Personen und ihr Verhältnis zueinander sowie die Erwartungen, die sie von den anderen und sich selbst haben.

4 Versetzen Sie sich in die Personen Hektors und Andromaches und versuchen Sie ihre Argumentation nachzuvollziehen.

5 Erläutern Sie die urmenschlichen Motive, die hinter dem Verhalten der beiden spürbar werden.

High Noon

Im berühmten Film „High Noon“ (1952, Regie: Fred Zinnemann) spielt Gary Cooper einen Gesetzeshüter, der sich allein der Rache eines Sträflings und seiner Bande stellen muss, während alle Bürger von ihm abrücken und selbst seine Braut erwägt, ihn zu verlassen, bevor sie seinen Tod mitansehen müsste. Hier der Text des Songs in der Filmfassung:

Do not forsake me, oh my darlin'
on this our wedding day.
Do not forsake me, oh my darlin',
wait, wait along.
I do not know what fate awaits me,
I only know I must be brave,
for I must face a man who hates me,
or lie a coward, a craven coward,
or lie a coward in my grave.

Oh, to be torn 'twixt love and duty,
s'posin' I lose my fair-haired beauty.
Look at that big hand move along
nearin' High Noon.

He made a vow while in state's prison,
vowed it would be my life for his an'
I'm not afraid of death, but oh, what will I do,
if you leave me?

Do not forsake me, oh my darlin',
you made that promise as a bride,
do not forsake me, oh my darlin',
although you're grieving, don't think of leaving,
now that I need you by my side.

Wait along ...

Text: Ned Washington

6 Finden Sie drei Gemeinsamkeiten und drei Unterschiede zwischen dem Ausgangstext und dem Songtext. Beziehen Sie sich dabei auf die Standpunkte der beteiligten Personen.

7 Vergleichen Sie die Darstellung Homers mit dem Filmbild aus High Noon und verorten Sie die Unterschiede in der Körpersprache. Nennen Sie das Element, das im Film fehlt.

Szenenfoto aus dem Film „High Noon“ mit Gary Cooper und Grace Kelly

4 Auftritte der unsterblichen Götter

4.1 Götterversammlung mit dem Göttervater Zeus

Hektor und Aias haben sich im Zweikampf ohne Ergebnis getrennt, und eine friedliche Einigung scheint weiter unmöglich. Zeus beruft eine Götterversammlung ein und verbietet das Eingreifen auf beiden Seiten; um Achills Demütigung durch Agamemnon zu bestrafen, werden vorerst die Trojaner siegreich sein.

SPRACHLICHE UND INHALTLICHE VORERSCHLIESSUNG

1. Nennen Sie Begriffe aus dem Text, die sich auf Macht und Stärke des Göttervaters beziehen.
2. Erschließen Sie aus dem Vokabular des Schlussteils, mit welchen Werkzeugen Zeus das weitere Schlachtgeschehen vorherbestimmt.

Ilias 8,4–74 (gekürzt)

Αὐτὸς δέ σφ'[1] ἀγόρευε, θεοὶ δ' ὑπὸ[2] πάντες ἄκουον·[2]
„Κέκλυτέ μευ πάντες τε θεοὶ πᾶσαί τε θέαιναι,
ὄφρ' εἴπω τά με θυμὸς ἐνὶ στήθεσσι κελεύει.
Μήτε τις οὖν θήλεια θεὸς τό γε μήτε τις ἄρσην
πειράτω διακέρσαι ἐμὸν ἔπος, ἀλλ' ἅμα πάντες
αἰνεῖτ', ὄφρα τάχιστα τελευτήσω τάδε ἔργα.
Ὃν δ' ἂν ἐγὼν ἀπάνευθε θεῶν ἐθέλοντα νοήσω
ἐλθόντ' ἢ Τρώεσσιν ἀρηγέμεν ἢ Δαναοῖσι
πληγεὶς οὐ κατὰ κόσμον ἐλεύσεται Οὔλυμπόνδε·
ἤ μιν ἑλὼν ῥίψω ἐς Τάρταρον ἠερόεντα
τῆλε μάλ', ἧχι βάθιστον ὑπὸ χθονός ἐστι βέρεθρον,
ἔνθα σιδήρειαί τε πύλαι καὶ χάλκεος οὐδός,
τόσσον ἔνερθ' Ἀΐδεω, ὅσον οὐρανός ἐστ' ἀπὸ γαίης·
γνώσετ' ἔπειθ', ὅσον εἰμὶ θεῶν κάρτιστος ἁπάντων.
Εἰ δ' ἄγε πειρήσασθε θεοί, ἵνα εἴδετε[3] πάντες·
σειρὴν χρυσείην ἐξ οὐρανόθεν κρεμάσαντες
πάντες τ' ἐξάπτεσθε θεοὶ πᾶσαί τε θέαιναι·
ἀλλ' οὐκ ἂν ἐρύσαιτ' ἐξ οὐρανόθεν πεδίονδε
Ζῆν' ὕπατον μήστωρ', οὐδ' εἰ μάλα πολλὰ κάμοιτε.
Ἀλλ' ὅτε δὴ καὶ ἐγὼ πρόφρων ἐθέλοιμι ἐρύσσαι,
αὐτῇ[4] κεν γαίῃ ἐρύσαιμ' αὐτῇ[4] τε θαλάσσῃ·

ἡ θέαινα, ης: die Göttin

διακείρω, *Aor.* **διέκερσα**: zerschneiden; hintergehen

ἧχι *Adv. (rel.)*: wo

τὸ βέρεθρον, ου: die Grube, der Abgrund

ὁ οὐδός, οὖ: die Schwelle

ὁ μήστωρ, ωρος: der Planer, der Herrscher

---

1 = σφι(ν) – 2 *Tmesis* – 3 = εἰδῆτε *(kurzvokal. Konj.)* – 4 αὐτῇ + *Subst. im Dat.: zusammen mit*

σειρὴν μέν κεν ἔπειτα περὶ ῥίον Οὐλύμποιο
δησαίμην, τὰ δέ κ' αὖτε μετήορα πάντα γένοιτο.
Τόσσον ἐγὼ περί[2] τ' εἰμὶ[2] θεῶν περί τ' εἴμ' ἀνθρώπων."
Ὣς ἔφαθ', οἱ δ' ἄρα πάντες ἀκὴν ἐγένοντο σιωπῇ.[...]
Ἦμος δ' Ἠέλιος μέσον οὐρανὸν ἀμφιβεβήκει,
καὶ τότε δὴ χρύσεια πατὴρ ἐτίταινε τάλαντα·
ἐν[2] δ' ἐτίθει[2] δύο κῆρε τανηλεγέος θανάτοιο
Τρώων θ' ἱπποδάμων καὶ Ἀχαιῶν χαλκοχιτώνων,
ἕλκε δὲ μέσσα λαβών· ῥέπε δ' αἴσιμον ἦμαρ Ἀχαιῶν.
Αἱ μὲν Ἀχαιῶν κῆρες ἐπὶ χθονὶ πουλυβοτείρῃ
ἑζέσθην,[5] Τρώων δὲ πρὸς οὐρανὸν εὐρὺν ἄερθεν.[6]

τὸ ῥίον, ου: die Klippe, die Spitze
ἀκήν *Adv.*: still
ἡ σιωπή, ῆς: das Schweigen
ἦμος: als
τιταίνω: *hier:* ausrichten
τανηλεγής, ές: erbarmungslos
πουλυβότειρα, ης *f.*: vielnährend

5 *3. Dual Imperf. zu* ἕζομαι *Med.: sich senken* – 6 = ἤρθησαν: *3. Pl. Aor. Pass. zu* ἀείρω: *heben*

LERNWORTSCHATZ

κλύω, *Imperativ Aor. 2. Pl.* **κέκλυτε**	hören	**(ἐξ)ἅπτομαι** *Med.*	berühren, angreifen
τὸ στῆθος, εος	die Brust	**ἐρύω**	ziehen
ἄρσην *oder* **ἄρρην, ενος**	männlich	**ὕπατος, η, ον** *(Sup.)*	der höchste
ἀπάνευθε(ν) *(+ Gen.)*	fern (von)	**κάμνω,** *Aor.* **ἔκαμον**	sich abmühen
ἀρήγω	helfen	**πρόφρων, ον**	wohlmeinend; bereitwillig
ῥίπτω, *Aor.* **ἔρριψα**	werfen	**μετέωρος, ον** *oder* **μετήορος, ον**	schwebend, in der Höhe
ἠερόεις, εσσα, εν	neblig, dunstig	**ἕλκω**	ziehen; aufheben
βαθύς, εῖα, ύ *Sup.* **βάθιστος**	tief	**τὸ τάλαντον, ου**	das Talent *(Gewicht)*; die Waagschale
καρτερός, ή, όν *Sup.* **κράτιστος** *oder* **κάρτιστος**	stark	**ἱππόδαμος, ον**	rossebändigend
ἡ σειρή, ῆς	das Seil	**χαλκοχιτών, ῶνος** *m.*	mit ehernem Leibrock
κρεμάννυμι, *Aor.* **ἐκρέμασα**	aufhängen	**ῥέπω**	sich neigen
		αἴσιμος, ον	schicksalhaft
		εὐρύς, εῖα, ύ	weit, breit

ANALYSE UND INTERPRETATION

3 Erklären Sie anhand des Auftritts von Zeus das anthropomorphe Götterbild des Epos.

4 Erläutern Sie die Stellung des Zeus in der Ilias unter besonderer Berücksichtigung der Entscheidung an der Waage.

4.2 Hera besticht Hypnos, um Zeus zu hintergehen

Hektor und die Trojaner bedrängen das Schiffslager der Griechen, doch Zeus hat den Göttern jegliches Eingreifen untersagt. Hera sucht einen Ausweg zur Rettung der Griechen und begibt sich zu Hypnos, dem personifizierten Gott des Schlafes.

SPRACHLICHE UND INHALTLICHE VORERSCHLIESSUNG

1 Untersuchen Sie den Text auf Begriffe von Gefälligkeit, Gunstbeweisen und Gegenleistung.

2 Stellen Sie Vermutungen über das Vorhaben Heras und die Bedenken des Hypnos an.

Ilias 14,233–279 (gekürzt)

„Ὕπνε ἄναξ πάντων τε θεῶν πάντων τ᾽ ἀνθρώπων,
ἠμὲν δή ποτ᾽ ἐμὸν ἔπος ἔκλυες, ἠδ᾽ ἔτι καὶ νῦν
πείθευ·[1] ἐγὼ δέ κέ τοι ἰδέω[2] χάριν ἤματα πάντα.
Κοίμησόν μοι Ζηνὸς ὑπ᾽ ὀφρύσιν ὄσσε φαεινὼ
αὐτίκ᾽, ἐπεί κεν ἐγὼ παραλέξομαι ἐν φιλότητι.
Δῶρα δέ τοι δώσω καλὸν θρόνον ἄφθιτον αἰεὶ
χρύσεον· Ἥφαιστος δέ κ᾽ ἐμὸς πάϊς ἀμφιγυήεις
τεύξει᾽ ἀσκήσας, ὑπὸ δὲ θρῆνυν ποσὶν ἥσει,
τῷ κεν ἐπισχοίης λιπαροὺς πόδας εἰλαπινάζων.“
Τὴν δ᾽ ἀπαμειβόμενος προσεφώνεε νήδυμος Ὕπνος·
„Ἥρη πρέσβα θεά, θύγατερ μεγάλοιο Κρόνοιο·
ἄλλον μέν κεν ἔγωγε θεῶν αἰειγενετάων
ῥεῖα κατευνήσαιμι, καὶ ἂν ποταμοῖο ῥέεθρα
Ὠκεανοῦ, ὅς περ γένεσις πάντεσσι τέτυκται·
Ζηνὸς δ᾽ οὐκ ἂν ἔγωγε Κρονίονος[3] ἆσσον ἱκοίμην
οὐδὲ κατευνήσαιμ᾽, ὅτε μὴ αὐτός γε κελεύοι.
Hypnos erwähnt noch frühere Aufträge dieser Art, die ihn in Gefahr gebracht hatten.
262 Νῦν αὖ τοῦτό μ᾽ ἄνωγας ἀμήχανον ἄλλο τελέσσαι.“
Τὸν δ᾽ αὖτε προσέειπε βοῶπις πότνια Ἥρη·
„Ὕπνε, τί ἢ δὲ σὺ ταῦτα μετὰ φρεσὶ σῇσι μενοινᾷς;
Ἦ φῂς ὣς Τρώεσσιν ἀρηξέμεν εὐρύοπα Ζῆν[4]
ὡς Ἡρακλῆος[5] περιχώσατο[5] παιδὸς ἑοῖο;
Ἀλλ᾽ ἴθ᾽, ἐγὼ δέ κέ τοι Χαρίτων μίαν ὁπλοτεράων
δώσω ὀπυιέμεναι καὶ σὴν κεκλῆσθαι ἄκοιτιν.“ [...]

ἠμέν … ἠδέ: ja auch … und
κοιμάω: einschläfern
ἡ ὀφρύς, -ύος: die (Augen-)Braue
παραλέχομαι *DM*: sich mit jdm. ins Bett legen
ἀμφιγυήεις *m.*: gliedergewaltig *(Hephaistos)*
ὁ θρῆνυς, υος: der Schemel
εἰλαπινάζω: speisen
νήδυμος, ον: erfrischend
πρέσβα *Nom./Vok. f.*: ehrwürdig
κατευνάω: einschläfern
τεύχω, *Perf. Pass.* **τέτυκται**: *hier:* ist geworden (zu), ist
βοῶπις, -ιδος *f.*: kuhäugig (Hera)
μενοινάω: begehren; überlegen
εὐρύοπα *Nom./Akk./Vok. m.*: weithin donnernd *(Zeus)*
ὁπλότερος, η, ον: jünger
ὀπυίω: werben, anhalten um

1 = πείθου – 2 = ἴδω – 3 ὁ Κρονίων, ονος: *der Kronos-Sohn (Zeus)* – 4 = Ζῆνα *(Akk.)* – 5 περιχώομαι *DM (+ Gen.)*: *zürnen (wegen): Hypnos hatte einst Herakles in den Schlaf versetzt und war dafür von Zeus verfolgt worden.*

Ὣς φάτο, χήρατο[6] δ' Ὕπνος, ἀμειβόμενος δὲ προσηύδα·
„Ἄγρει νῦν μοι ὄμοσσον ἀάατον Στυγὸς ὕδωρ,
χειρὶ δὲ τῇ ἑτέρῃ μὲν ἕλε χθόνα πουλυβότειραν,
τῇ δ' ἑτέρῃ ἅλα μαρμαρέην, ἵνα νῶϊν ἅπαντες
μάρτυροι ὦσ' οἱ ἔνερθε θεοὶ Κρόνον ἀμφὶς[7] ἐόντες,
ἦ μὲν ἐμοὶ δώσειν Χαρίτων μίαν ὁπλοτεράων
Πασιθέην, ἧς τ' αὐτὸς ἐέλδομαι ἤματα πάντα."
Ὣς ἔφατ', οὐδ' ἀπίθησε θεὰ λευκώλενος Ἥρη,
ὄμνυε δ' ὡς ἐκέλευε, θεοὺς δ' ὀνόμηνεν ἅπαντας
τοὺς ὑποταρταρίους, οἳ Τιτῆνες καλέονται.

ἄγρει *(Imperativ): wohlan!*

ἀάατος, ον: unnahbar

πο(υ)λυβότειρα, ης *f.*: vielnährend

μαρμάρεος, η, ον: glitzernd

(ἐ)έλδομαι *DM (+ Gen.)*: wünschen, sich sehnen nach

ἀπιθέω: nicht Folge leisten

λευκώλενος, ου *f.*: weißarmig *(Hera)*

ὑποταρτάριος, -ον: im Tartaros befindlich

6 *3. Sg. Aor. Med. zu* χαίρω – 7 *Postposition*

LERNWORTSCHATZ

ὁ ἄναξ, ακτος	der Herrscher	**πότνια** *f. Nom./Vok.*	mächtig; *(Subst.)* die Herrin
τὼ ὄσσε *Nom./Akk. Dual*	die (beiden) Augen	**ἡ χθών, χθονός**	die Erde
φαεινός, ή, όν	glänzend, strahlend	**ἡ ἄκοιτις, ιος**	die Gattin
ἡ φιλότης, ητος	die Freundschaft, Liebe	**ἀρήγω**	helfen
ἄφθιτος, ον	unvergänglich	**προσαυδάω**	anreden, (an)sprechen
ῥεῖα *oder* **ῥέα** *Adv.*	leicht, mühelos	**ἀγρέω**	fassen, packen
ἄγχι *(+ Gen.)* *Komp.:* **ἆσσον**	nahe (bei)	**ὄμνυμι,** *Aor.* **ὤμοσ(σ)α**	schwören
ἄνωγα *Perf.*	befehlen	**ὀνομαίνω,** *Aor.* **ὠνόμηνα**	(be)nennen

ANALYSE UND INTERPRETATION

3 Erschließen Sie aus Heras Verhandlungsstrategie gegenüber Hypnos ihre Position gegenüber den Anordnungen des Zeus.

4 Stellen Sie Vermutungen über die Folgen von Heras Vorgehen an.

Vergleichstext: Juno spricht zum Herrn der Winde Äolus

„Äolus (dir hat ja der Vater der Menschen und Götter gewährt, die Fluten sowohl zu besänftigen wie auch durch Sturm aufzuwühlen): Ein mir feindliches Volk befährt das tyrrhenische Meer, das Troja und die besiegten Penaten nach Italien bringt. Flöße Kraft den Winden ein, tauche die Schiffe unter und versenke sie, oder treibe sie auseinander und zerstreue ihre Leichen übers Meer! Ich habe zweimal sieben Nymphen mit wunderschönem Körper: die von allen die schönste ist, Deïopea, will ich dir zu eigen geben und in dauerhafter Ehe verbinden." Ihr erwiderte Äolus: „Du, Königin, wirst wissen, was du wünschst; meine Aufgabe ist es, Befehle zu erfüllen. Du verschaffst mir meine Herrschaft, mein Zepter und gewinnst Jupiter für mich."

Vergil, Aeneis 1,65–79

5 Fassen Sie zusammen, wie sich Heras Auftreten in der Ilias von Junos Auftreten in der Aeneis unterscheidet.

5 Kampf, Tod und Rache

5.1 Achill und Patroklos

5.1.1 Patroklos’ Bitte

Die Trojaner haben durch die Abwesenheit Achills vom Kampf die Oberhand gewonnen und sind kurz davor, das Schiffslager der Griechen einzunehmen. Patroklos macht Achill deshalb Vorhaltungen und will selbst mit den Myrmidonen in den Kampf ziehen.

SPRACHLICHE UND INHALTLICHE VORERSCHLIESSUNG

1 Notieren Sie die Namen der in Patroklos’ Rede angesprochenen Personen und Völker und erschließen Sie deren Beziehungen zueinander.

2 Sammeln Sie Begriffe, die sich auf Leid und Unbarmherzigkeit beziehen, und ordnen Sie diese den handelnden Personen und Völkern zu.

Ilias 16,30–47

„Μὴ ἐμέ γ’ οὖν οὗτός γε λάβοι χόλος, ὃν σὺ φυλάσσεις
αἰναρέτη· τί σευ ἄλλος ὀνήσεται ὀψίγονός περ,
αἴ κε μὴ Ἀργείοισιν ἀεικέα λοιγὸν ἀμύνῃς;
Νηλεές, οὐκ ἄρα σοί γε πατὴρ ἦν ἱππότα Πηλεύς,
οὐδὲ Θέτις μήτηρ· γλαυκὴ δέ σε τίκτε θάλασσα
πέτραι τ’ ἠλίβατοι, ὅτι τοι νόος ἐστὶν ἀπηνής.
Εἰ δέ τινα φρεσὶ σῇσι θεοπροπίην ἀλεείνεις
καί τινά τοι πὰρ[1] Ζηνὸς ἐπέφραδε πότνια μήτηρ,
ἀλλ’ ἐμέ περ πρόες ὦχ’[2], ἅμα δ’ ἄλλον λαὸν ὄπασσον
Μυρμιδόνων, ἤν πού τι φάος Δαναοῖσι γένωμαι.
Δὸς δέ μοι ὤμοιιν τὰ σὰ τεύχεα θωρηχθῆναι,
αἴ κ’ ἐμὲ σοὶ ἴσκοντες ἀπόσχωνται πολέμοιο
Τρῶες, ἀναπνεύσωσι δ’ ἀρήϊοι υἷες[3] Ἀχαιῶν
τειρόμενοι· ὀλίγη δέ τ’ ἀνάπνευσις πολέμοιο.
Ῥεῖα δέ κ’ ἀκμῆτες κεκμηότας ἄνδρας ἀϋτῇ
ὤσαιμεν προτὶ ἄστυ νεῶν ἄπο[4] καὶ κλισιάων.“
Ὣς φάτο λισσόμενος μέγα νήπιος· ἦ γὰρ ἔμελλεν
οἷ αὐτῷ θάνατόν τε κακὸν καὶ κῆρα λιτέσθαι.

ὁ αἰναρέτης, ου: der Un-Held
ὀψίγονος, ον: später geboren
ἠλίβατος, ον: steil, schroff
ἀπηνής, ές: unerbittlich
τὸ φάος, εος: *hier:* der Lichtblick
(ἐ)ΐσκω: vergleichen; gleichsetzen
τείρω: zerreiben; quälen
ἀκμής, ῆτος *m.*: unermüdlich; ausgeruht
ἡ ἀϋτή, ῆς: das Kampfgeschrei

1 = παρά – 2 = ὦκα *Adv.: schnell* – 3 = υἱοί – 4 *Postposition*

LERNWORTSCHATZ

ὁ χόλος, ου	der Zorn
ὀνίνημι, *Fut.* **ὀνήσω**	nützen, *Med. (+ Gen.):* Nutzen haben von
ἀεικής, ές	schändlich; elend
ὁ λοιγός, οῦ	das Verderben
ὁ ἱππότης, ου, *Nom. auch:* **ἱππότα**	der Rossebändiger
ἡ θεοπροπίη, ης	der Götterspruch
ἀλεείνω	meiden, ausweichen
φράζω, *Aor.* **(ἐ)πέφραδον**	zu erkennen geben
πότνια *f. Nom./Vok.*	mächtig; *(Subst.)* die Herrin
ὀπάζω	verleihen
ὁ ὦμος, ου, *Gen./Dat. Dual* **ὤμοι(ι)ν**	die Schulter
τὰ τεύχεα, ων *n. Pl.*	die Rüstung
θωρήσσω	(aus)rüsten
ἀρήϊος, (η), ον	kriegerisch
ῥεῖα *oder* **ῥέα** *Adv.*	leicht, mühelos
κάμνω, *Perf.* **κέκμη(κ)α**	sich abmühen
ὠθέω, *Aor.* **ἔωσα** *oder* **ὦσα**	(weg)stoßen
λίσσομαι *oder* **λίτομαι**, *Aor.* **ἐλιτόμην** *DM*	(an)flehen, bitten
ἡ κλισίη, ης	die Hütte

ANALYSE UND INTERPRETATION

3 Nennen Sie die Emotionen, die Patroklos zeigt, sowie die, die er in Achill erwecken will.

4 Analysieren Sie das Selbstvertrauen, mit dem Patroklos in den Kampf ziehen zu können glaubt.

5.1.2 Achills Auftrag

Um nicht den ganzen Kriegszug der Griechen scheitern zu lassen, stimmt Achill dem Plan des Patroklos zu.

Ilias 16,83–96

„Πείθεο δ', ὥς τοι ἐγὼ μύθου τέλος ἐν φρεσὶ θείω,
ὡς ἄν μοι τιμὴν μεγάλην καὶ κῦδος ἄρηαι
πρὸς πάντων Δαναῶν, ἀτὰρ οἳ περικαλλέα κούρην
ἂψ ἀπονάσσωσιν, ποτὶ[1] δ' ἀγλαὰ δῶρα πόρωσιν.
Ἐκ νηῶν ἐλάσας[2] ἰέναι[3] πάλιν· εἰ δέ κεν αὖ τοι
δώῃ κῦδος ἀρέσθαι ἐρίγδουπος πόσις Ἥρης,
μὴ σύ γ' ἄνευθεν ἐμεῖο λιλαίεσθαι[3] πολεμίζειν[4]
Τρωσὶ φιλοπτολέμοισιν· ἀτιμότερον δέ με θήσεις·
μὴ δ' ἐπαγαλλόμενος πολέμῳ καὶ δηιοτῆτι
Τρῶας ἐναιρόμενος προτὶ Ἴλιον ἡγεμονεύειν[3],
μή τις ἀπ' Οὐλύμποιο θεῶν αἰειγενετάων
ἐμβήῃ· μάλα τούς γε φιλεῖ ἑκάεργος Ἀπόλλων·
ἀλλὰ πάλιν τρωπᾶσθαι[3, 5], ἐπὴν φάος ἐν νήεσσι
θήῃς, τοὺς δ' ἔτ' ἐᾶν[3] πεδίον κάτα[6] δηριάασθαι."

περικαλλής, ές: sehr schön

ἀποναίω, *Aor.* **ἀπένασσα**: umsiedeln; zurückgeben

ἐρίγδουπος, ου *m.*: laut donnernd *(Zeus)*

λιλαίομαι *DM*: sich sehnen

φιλοπτόλεμος, ον: den Krieg liebend

ἡ δηιοτής, ῆτος: das Schlachtgetümmel

ἡγεμονεύω: (an)führen

ἐμβαίνω: *hier:* eingreifen

τὸ φάος, εος: *hier:* der Hoffnungsschimmer

δηριάομαι *DM*: kämpfen

1 = πρός *Adv.: „dazu (noch)"* – 2 *erg. „die Feinde"* – 3 *imperativischer Inf.* – 4 = πολεμεῖν – 5 = τρέπειν – 6 *Postposition*

LERNWORTSCHATZ			
τὸ κῦδος, εος	die Macht; der Ruhm	**ὁ πόσις, ιος**	der Gatte
ἄρνυμαι *DM, Aor.* **ἠράμην** *oder* **ἠρόμην**	erwerben; sich bemühen um	**(ἐπ)ἀγάλλομαι** *DM*	jubeln (über); sich brüsten (mit)
ἄψ *Adv.*	zurück, hinfort	**ἐναίρω**	erschlagen
ἀγλαός, ή, όν	strahlend, herrlich	**ἀειγενέτης, ου** *m.*	ewig lebend
πορίζω, *Aor.* **ἔπορον**	verleihen	**ἑκάεργος, ου** *m.*	sicher treffend *(Apollon)*

ANALYSE UND INTERPRETATION

1 Erörtern Sie die Motive, aufgrund derer Achill dem Eingreifen des Patroklos Grenzen setzt.

5.1.3 Der Tod des Patroklos

Patroklos hat die Trojaner zurückdrängen und viele von ihnen im Kampf töten können. Er missachtet jedoch Achills Anweisung und greift Troja direkt an. Daraufhin schlägt ihm Apollon die Rüstung vom Leibe, der Trojaner Euphorbos macht ihn durch einen Treffer mit seinem Speer widerstandsunfähig und schließlich tritt Hektor vor ihn hin.

SPRACHLICHE UND INHALTLICHE VORERSCHLIESSUNG

1 Sammeln Sie alle Wörter, die sich auf Kampf, Abwehr, Niederlage und Tod beziehen.

2 Versetzen Sie sich in die Lage des Patroklos und formulieren Sie letzte Worte, die seine Niederlage weniger schmerzlich erscheinen lassen.

Ilias 16,818–854

Ἕκτωρ δ᾽ ὡς εἶδεν Πατροκλῆα μεγάθυμον
ἂψ ἀναχαζόμενον βεβλημένον ὀξέϊ χαλκῷ,
ἀγχίμολόν ῥά οἱ ἦλθε κατὰ στίχας, οὖτα δὲ δουρὶ[1]
νείατον ἐς κενεῶνα, διαπρὸ δὲ χαλκὸν ἔλασσε·
δούπησεν δὲ πεσών, μέγα δ᾽ ἤκαχε λαὸν Ἀχαιῶν·
ὡς δ᾽ ὅτε σῦν ἀκάμαντα λέων ἐβιήσατο[2] χάρμῃ,
ὥ τ᾽ ὄρεος κορυφῇσι μέγα φρονέοντε μάχεσθον
πίδακος ἀμφ᾽ ὀλίγης· ἐθέλουσι δὲ πιέμεν ἄμφω·
πολλὰ δέ τ᾽ ἀσθμαίνοντα λέων ἐδάμασσε βίηφιν·
ὣς πολέας[3] πεφνόντα Μενοιτίου[4] ἄλκιμον υἱὸν[4]
Ἕκτωρ Πριαμίδης σχεδὸν ἔγχει θυμὸν ἀπηύρα,
καί οἱ ἐπευχόμενος ἔπεα πτερόεντα προσηύδα·
„Πάτροκλ᾽, ἦ που ἔφησθα πόλιν κεραϊξέμεν ἁμήν,[5]

(ἀνα)χάζω: sich zurückziehen
ἡ στίξ, στιχός: die Schlachtreihe
νείατος, η, ον *(Sup.)*: der unterste
ὁ κενεών, ῶνος: die Leiste *(unterer Teil der Bauchwand)*
διαπρό *Adv.*: hindurch
ἡ χάρμη, ης: der Kampf
ἡ πῖδαξ, ακος: die Quelle
ἀσθμαίνω: schnauben
ἡ βίη, ης, *Intrumentalis* **βίηφι(ν)**: die Gewalt
πέφνω: töten
ἀπαυράω, *Part. Aor. Akt.* **ἀπούρας**: rauben *(+ zwei Akk.)*
ἐπεύχομαι *DM*: über jdn. triumphieren *(+ Dat.)*
κεραΐζω, *Fut.* **κεραΐξω**: vernichten

1 = δόρατι – 2 = ἐβιάσατο: *„er bezwang"* – 3 = πολλούς – 4 *gemeint ist Patroklos* – 5 = ἐμήν

Τρωιάδας δὲ γυναῖκας ἐλεύθερον ἦμαρ ἀπούρας
ἄξειν ἐν νήεσσι φίλην ἐς πατρίδα γαῖαν,
νήπιε· τάων δὲ πρόσθ’[6] Ἕκτορος ὠκέες ἵπποι
ποσσὶν ὀρωρέχαται πολεμίζειν·[7] ἔγχεϊ δ’ αὐτὸς
Τρωσὶ φιλοπτολέμοισι μεταπρέπω, ὅ σφιν ἀμύνω
ἦμαρ ἀναγκαῖον· σὲ δέ τ’ ἐνθάδε γῦπες ἔδονται.
Ἆ δείλ’, οὐδέ τοι ἐσθλὸς ἐὼν χραίσμησεν Ἀχιλλεύς,
ὅς πού τοι μάλα πολλὰ μένων ἐπετέλλετ’ ἰόντι·
‚Μή μοι πρὶν ἰέναι,[8] Πατρόκλεες ἱπποκέλευθε,
νῆας ἔπι[9] γλαφυρὰς πρὶν Ἕκτορος ἀνδροφόνοιο
αἱματόεντα χιτῶνα περὶ στήθεσσι δαΐξαι.‘
Ὥς πού σε προσέφη, σοὶ δὲ φρένας ἄφρονι πεῖθε.“
Τὸν δ’ ὀλιγοδρανέων προσέφης,[10] Πατρόκλεες ἱππεῦ·
„Ἤδη νῦν, Ἕκτορ, μεγάλ’ εὔχεο· σοὶ γὰρ ἔδωκε
νίκην Ζεὺς Κρονίδης καὶ Ἀπόλλων, οἵ με δάμασσαν
ῥηιδίως· αὐτοὶ γὰρ ἀπ’ ὤμων τεύχε’ ἕλοντο.
Τοιοῦτοι[11] δ’ εἴ πέρ μοι ἐείκοσιν ἀντεβόλησαν,
πάντές κ’ αὐτόθ’ ὄλοντο ἐμῷ ὑπὸ δουρὶ δαμέντες.
Ἀλλά με μοῖρ’ ὀλοὴ καὶ Λητοῦς ἔκτανεν υἱός,
ἀνδρῶν δ’ Εὔφορβος· σὺ δέ με τρίτος ἐξεναρίζεις.
Ἄλλο δέ τοι ἐρέω, σὺ δ’ ἐνὶ φρεσὶ βάλλεο σῇσιν·
οὔ θην οὐδ’ αὐτὸς δηρὸν βέῃ, ἀλλά τοι ἤδη
ἄγχι παρέστηκεν θάνατος καὶ μοῖρα κραταιὴ
χερσὶ δαμέντ’ Ἀχιλῆος ἀμύμονος Αἰακίδαο.“[12]

ὀρέγνυμι, *3. Pl. Perf. Pass.* **ὀρωρέχαται**: ausstrecken, *Med.*: nach etw. trachten, bestrebt sein

ὁ γύψ, γυπός: der Geier

χραισμέω: nützen

ἱπποκέλευθος, ου *m.*: Pferden gebietend

ἀνδρόφονος, ον: männermordend

δαΐζω, *Aor.* **(ἐ)δάϊξα**: durchbrechen, zerreißen

ὀλιγοδρανέω: in den letzten Zügen liegen

ἀντιβολέω: begegnen

θην *(enklit.)*: sicherlich

βέομαι *(nur Fut.)*: ich werde leben

---

6 *Postposition* – 7 = πολεμεῖν – 8 *imperativischer Inf.* – 9 *Postposition* – 10 *Apostrophe (der Dichter spricht seine Figur selbst an)* – 11 *gemeint ist „wie Hektor“* – 12 ὁ Αἰακίδης, αο: *„der Enkel des Aiakos“: Achill*

LERNWORTSCHATZ

μεγάθυμος, ον	hochherzig; mutig	**ὠκύς, εῖα, ύ**	schnell
οὐτάζω, *3. Sg. Aor.* **οὖτα**	verwunden	**μεταπρέπω** *(+ Dat.)*	sich auszeichnen unter
ἀγχίμολον *Adv.*	nahe	**ἐσθίω**, *Fut.* **ἔδομαι**	essen, fressen
δουπέω	klirren	**ἐπιτέλλω**	auftragen
ἀκαχίζω, *Aor.* **ἤκαχον**	betrüben	**γλαφυρός, ή, όν**	gewölbt; hohl
ἀκάμας, αντος	unermüdlich	**αἱματόεις, εσσα, εν**	blutig
δαμά(ζ)ω, *Aor.* **(ἐ)δάμασσα**, *Pass.* **ἐδάμην**	bezwingen	**ὀλοός, ή, όν**	verderblich
ἄλκιμος, ον	stark, kräftig	**(ἐξ)εναρίζω**, *Aor.* **(ἐξ)ἐνάριξα**	der Rüstung berauben, töten
τὸ ἔγχος, εος	die Lanze	**δηρόν** *Adv.*	lange
πτερόεις, εσσα, εν	geflügelt	**ἄγχι** *Adv.*	nahe
προσαυδάω	anreden, (an)sprechen	**κραταιός, ή, όν**	gewalttätig
		ἀμύμων, ον	edel

ANALYSE UND INTERPRETATION

3 Beschreiben Sie, wie das Gleichnis vom Kampf an der Quelle die beiden Gegner charakterisiert.

4 Analysieren Sie, worin Hektor seine Hauptaufgabe als trojanischer Kämpfer sieht, und kontrastieren Sie sein Selbstverständnis mit dem Achills.

5 Nennen Sie den Irrtum, dem Hektor bei der Interpretation von Patroklos' Auftrag unterliegt. Was besagt dieser Irrtum über seine Einschätzung des Patroklos, und welche Selbstüberschätzung Hektors enthält er implizit? Beziehen Sie dazu auch Patroklos' letzte Worte mit ein.

6 Achill betrauert seinen Freund, der nur noch tot aus der Schlacht geborgen werden konnte. Erschließen Sie, welche Vorwürfe Achill sich selbst machen muss.

7 Diskutieren Sie, welche aus der Homer-Lektüre bekannten Gestalten der Maler an der Szene teilhaben lässt.

Achill beweint den Tod des Patroklos. Gemälde von Gavin Hamilton, 1760–1763, Edinburgh, The National Galleries of Scotland

5.2 Achill und Hektor

5.2.1 Die Begegnung

Achill ist wieder in den Kampf eingetreten und wütet unter den Trojanern, um Hektor zum Zweikampf zu provozieren. Hektor flüchtet zunächst, doch dann täuscht ihn Athene in Gestalt seines Bruders Deïphobos und motiviert ihn zum Zweikampf. Er tritt Achill entgegen.

SPRACHLICHE UND INHALTLICHE VORERSCHLIESSUNG

1 Erschließen Sie Stimmung und Motive der beiden Protagonisten im entscheidenden Moment.
2 Ermitteln Sie Begriffe, die sich auf Kampf, Vereinbarung und Bestattung des toten Gegners beziehen.

Ilias 22,248–269

Οἳ δ᾽ ὅτε δὴ σχεδὸν ἦσαν ἐπ᾽ ἀλλήλοισιν ἰόντες,
τὸν πρότερος προσέειπε μέγας κορυθαίολος Ἕκτωρ·
„Οὔ σ᾽ ἔτι, Πηλέος υἱέ, φοβήσομαι, ὡς τὸ πάρος περ
τρὶς περὶ ἄστυ μέγα Πριάμου δίον, οὐδέ ποτ᾽ ἔτλην
μεῖναι ἐπερχόμενον· νῦν αὖτέ με θυμὸς ἀνῆκε
στήμεναι[1] ἀντία σεῖο· ἕλοιμί κεν ἤ κεν ἁλοίην.
Ἀλλ᾽ ἄγε δεῦρο θεοὺς ἐπιδώμεθα· τοὶ γὰρ ἄριστοι
μάρτυροι ἔσσονται καὶ ἐπίσκοποι ἁρμονιάων·
οὐ γὰρ ἐγώ σ᾽ ἔκπαγλον ἀεικιῶ, αἴ κεν ἐμοὶ Ζεὺς
δώῃ καμμονίην, σὴν δὲ ψυχὴν ἀφέλωμαι·
ἀλλ᾽ ἐπεὶ ἄρ κέ σε συλήσω κλυτὰ τεύχε᾽, Ἀχιλλεῦ,
νεκρὸν Ἀχαιοῖσιν δώσω πάλιν· ὣς δὲ σὺ ῥέζειν."[2]
Τὸν δ᾽ ἄρ᾽ ὑπόδρα ἰδὼν προσέφη πόδας ὠκὺς Ἀχιλλεύς·
„Ἕκτορ, μή μοι, ἄλαστε, συνημοσύνας ἀγόρευε·
ὡς οὐκ ἔστι λέουσι καὶ ἀνδράσιν ὅρκια πιστά,
οὐδὲ λύκοι τε καὶ ἄρνες ὁμόφρονα θυμὸν ἔχουσιν,
ἀλλὰ κακὰ φρονέουσι διαμπερὲς ἀλλήλοισιν,
ὣς οὐκ ἔστ᾽ ἐμὲ καὶ σὲ φιλήμεναι, οὐδέ τι νῶϊν
ὅρκια ἔσσονται, πρίν γ᾽ ἢ ἕτερόν γε πεσόντα
αἵματος ἆσαι Ἄρηα ταλαύρινον πολεμιστήν.
Παντοίης ἀρετῆς μιμνήσκεο· νῦν σε μάλα χρὴ
αἰχμητήν τ᾽ ἔμεναι καὶ θαρσαλέον πολεμιστήν."

δίω: fortlaufen
ἐπέρχομαι *DM*: auf jdn. losgehen
ἀνίημι: aufmuntern, motivieren
ἐπιδίδομαι: *Med. hier:* zu Zeugen anrufen
ἡ ἁρμονίη, ης: *hier:* die Vereinbarung
ἔκπαγλον *Adv.*: außerordentlich
ἡ καμμονίη, ης: der Sieg im Kampf
συλάω: rauben, plündern
ὁ νεκρός, οῦ: *hier:* der Leichnam

ἄλαστος, ον: fluchbeladen
ἡ συνημοσύνη, ης: die Vereinbarung
ὁ/ἡ ἀρήν, ἀρνός: das Lamm
ὁμόφρων, ον: einträchtig
οὐκ ἔστ᾽(ιν) + *AcI*: es ist nicht möglich, dass
ἀάω *(+ Akk. + Gen.)*: jdn. mit etw. sättigen
ταλαύρινος, ον: schildtragend, streitbar
ὁ πολεμιστής, οῦ: der Krieger

1 = στῆναι – 2 *imperativischer Inf.*

LERNWORTSCHATZ

κορυθαίολος, -ου *m.*	mit wehendem Helmbusch *(Hektor)*	**ἀεικίζω,** *Fut.* **ἀεικιῶ**	schänden, entehren
πάρος *Adv.*	vorher, früher	**κλυτός, ή, όν**	ruhmvoll, berühmt
τρίς *Adv.*	dreimal	**τὰ τεύχεα, ων** *n. Pl.*	die Rüstung
ἔτλην *Aor., Inf.* **τλῆναι**	ertragen, über sich bringen	**ῥέζω**	machen, tun, handeln
ἀντία *Adv./Präp. (+ Gen.)*	entgegen	**ὑπόδρα** *Adv.*	schief, „von unten“
ἁλίσκομαι *Pass., Aor.* **ἑάλων**	gefangen werden, getötet werden	**ὠκύς, εῖα, ύ**	schnell
		τὰ ὅρκια, ων *n. Pl.*	der Eid
		διαμπερές *Adv.*	unablässig
		ὁ αἰχμητής, οῦ	der Lanzenkämpfer
		θαρσαλέος, η, ον	mutig

ANALYSE UND INTERPRETATION

3 Beziehen Sie Hektors Vorschlag an Achill auf seine Rede vor dem sterbenden Patroklos in 5.1.3. Inwiefern könnte sich hier seine Hybris gerächt haben?

4 Erschließen Sie, inwieweit Achills Ankündigungen gegen übliche Bräuche verstoßen.

5.2.2 Zweikampf und Tod Hektors

Beide Kämpfer werfen ihre Speere und verfehlen den Gegner, doch bringt Athene dem Achill seinen Speer wieder. Hektor macht sich Mut und muss zum Schwertkampf übergehen.

Ilias 22,306–327

Ὣς ἄρα φωνήσας εἰρύσσατο φάσγανον ὀξύ,
τό οἱ ὑπὸ λαπάρην τέτατο μέγα τε στιβαρόν τε,
οἴμησεν δὲ ἀλεὶς ὥς τ’ αἰετὸς ὑψιπετήεις,
ὅς τ’ εἶσιν πεδίονδε διὰ νεφέων ἐρεβεννῶν
ἁρπάξων ἢ ἄρν’ ἀμαλὴν ἢ πτῶκα λαγωόν·
ὣς Ἕκτωρ οἴμησε τινάσσων φάσγανον ὀξύ.
Ὁρμήθη δ’ Ἀχιλεύς, μένεος δ’ ἐμπλήσατο θυμὸν
ἀγρίου, πρόσθεν[1] δὲ σάκος στέρνοιο κάλυψε
καλὸν δαιδάλεον, κόρυθι δ’ ἐπένευε φαεινῇ
τετραφάλῳ· καλαὶ δὲ περισσείοντο ἔθειραι
χρύσεαι, ἃς Ἥφαιστος[2] ἵει λόφον ἀμφὶ[3] θαμειάς.
Οἷος δ’ ἀστὴρ εἶσι μετ’ ἀστράσι νυκτὸς ἀμολγῷ
ἕσπερος, ὃς κάλλιστος ἐν οὐρανῷ ἵσταται ἀστήρ,
ὣς αἰχμῆς ἀπέλαμπ’ εὐήκεος, ἣν ἄρ’ Ἀχιλλεὺς
πάλλεν δεξιτερῇ φρονέων κακὸν Ἕκτορι δίῳ
εἰσορόων[4] χρόα καλόν, ὅπῃ εἴξειε μάλιστα.

ἡ λαπάρη, ης: der Bauch
οἰμάω: schreien, kreischen
ὑψιπετήεις, εσσα, εν: hoch fliegend
ἐρεβεννός, ή, όν: düster
ὁ/ἡ ἀρήν, ἀρνός: das Lamm
ἀμαλός, ή, όν: zart
πτώξ, πτωκός: flüchtig
τὸ στέρνον, ου: das Brustbein
τετράφαλος, ον: mit vier Bügeln
αἱ ἔθειραι, άων *f. Pl.*: die Haare
ὁ λόφος, ου: der Helmbusch
θαμέες, θαμεῖαι *Pl. (Akk. f.* **θαμειάς**): dicht
ὁ ἀμολγός, οῦ: die Dunkelheit
ἀπολάμπω *(+ Gen.)*: von etw. ausstrahlen
εὐήκης, ες: geschärft
ὅπῃ *Adv. (rel.)*: *hier:* wo immer

1 *auf* στέρνοιο *zu beziehen* – 2 *Hephaistos hatte Achill für seine Rüstung, die Hektor dem toten Patroklos abgenommen hatte, eigenhändig eine neue angefertigt.* – 3 *Postposition* – 4 = εἰσοράων

Τοῦ δὲ καὶ ἄλλο τόσον μὲν ἔχε χρόα χάλκεα τεύχεα
καλά, τὰ Πατρόκλοιο βίην ἐνάριξε κατακτάς·[4]
φαίνετο δ' ᾗ κληῗδες ἀπ' ὤμων αὐχέν' ἔχουσι
λαυκανίην, ἵνα τε ψυχῆς ὤκιστος ὄλεθρος·
τῇ ῥ' ἐπὶ οἷ μεμαῶτ' ἔλασ' ἔγχει δῖος Ἀχιλλεύς,
ἀντικρὺ δ' ἁπαλοῖο δι' αὐχένος ἤλυθ' ἀκωκή.

ἄλλο τόσον *Adv.*: (für) den ganzen Rest
ἡ κληΐς, ῖδος: *hier:* das Schlüsselbein
ἡ λαυκανίη, ης: die Kehle
ἵνα + *Ind.*: wo
τῇ *Adv.*: *hier:* da
ἐπί: *hier* + *Dat.*: gegen
ἡ ἀκωκή, ῆς: die Lanzenspitze

---

4 *Part. Aor. Akt. Nom. Sg. zu* κατακτείνω: *töten*

LERNWORTSCHATZ

ἐρύω	ziehen	**φαεινός, ή, όν**	glänzend, strahlend
τὸ φάσγανον, ου	das Schwert	**(περισ)σείω**	schütteln
στιβαρός, ή, όν	fest, stark	**ἡ αἰχμή, ῆς**	die Lanze
εἴλ(λ)ω, *Aor. Pass.* **ἐάλην**	zusammendrängen, *Pass.:* sich krümmen	**πάλλω**	schwingen
ὁ α(ι)ετός, οῦ	der Adler	**δῖος, α, ον**	herrlich, göttlich
τὸ νέφος, εος	die Wolke	**ὁ χρώς, χρωτός** *oder* **χροός**	die Haut
ὁ λαγωός, οῦ	der Hase	**εἴκω**, *Aor.* **εἶξα**	weichen; offen sein
τινάσσω	schwingen, schütteln	**(ἐξ)ἐναρίζω**, *Aor.* **(ἐξ)ἐνάριξα**	der Rüstung berauben, töten
τὸ μένος, εος	die Wut, der Mut; die Kraft	**ὁ ὦμος, ου**	die Schulter
τὸ σάκος, εος	der Schild	**μέμαα** *Perf.*	begehren; anstürmen
δαιδάλεος, η, ον	kunstfertig	**ἀντικρύ** *Adv.*	geradewegs, hindurch
ἡ κόρυς, υθος	der Helm	**ἁπαλός, ή, όν**	zart
(ἐπι)νεύω	nicken		

ANALYSE UND INTERPRETATION

1 Hektors Bitte um Freigabe seines Leichnams bleibt unbeachtet. Stellen Sie Vermutungen an, welche Konsequenzen Achills Verstoß gegen Recht und Anstand haben könnte.

2 Diskutieren Sie, welche Figuren (außer Achill und dem Leichnam Hektors) auf dem Relief noch zu sehen sind, und warum der bestattete Römer dieses Motiv für seinen Grabstein gewählt haben könnte.

Achill schändet Hektors Leiche, indem er sie an seinen Wagen bindet und siebenmal um Troja schleift. Römisches Grabrelief, 2. Jahrhundert n. Chr., Maria Saal (Kärnten)

6 Das Wagenrennen zu Ehren des Patroklos

6.1 Der Unfall des Eumelos

Achill veranstaltet zu Ehren des toten Patroklos Leichenspiele; angesehenster Bewerb ist – wie bei allen griechischen Spielen – das Wagenrennen. Am Beginn der letzten Runde liefern sich die führenden Gespanne von Diomedes und Eumelos ein Kopf-an-Kopf-Rennen.

SPRACHLICHE UND INHALTLICHE VORERSCHLIESSUNG

1 Sammeln Sie alle Vokabel, die sich auf technische Details und mögliche Gebrechen beziehen.

2 Nennen Sie neben den Fahrern weitere beteiligte „Personen" und stellen Sie Vermutungen an, was ihnen zuzutrauen sein könnte.

Ilias 23,373–400

Ἀλλ᾽ ὅτε δὴ πύματον τέλεον δρόμον ὠκέες ἵπποι
ἂψ ἐφ᾽ ἁλὸς πολιῆς, τότε δὴ ἀρετή γε ἑκάστου
φαίνετ᾽, ἄφαρ δ᾽ ἵπποισι τάθη δρόμος· ὦκα δ᾽ ἔπειτα
αἱ Φηρητιάδαο[1] ποδώκεες ἔκφερον ἵπποι.
Τὰς δὲ μέτ᾽[2] ἐξέφερον Διομήδεος ἄρσενες ἵπποι
Τρώϊοι,[3] οὐδέ τι πολλὸν ἄνευθ᾽ ἔσαν, ἀλλὰ μάλ᾽ ἐγγύς·
αἰεὶ γὰρ δίφρου ἐπιβησομένοισιν ἐΐκτην,
πνοιῇ δ᾽ Εὐμήλοιο μετάφρενον εὐρέε τ᾽ ὤμω
θέρμετ᾽· ἐπ᾽ αὐτῷ γὰρ κεφαλὰς καταθέντε πετέσθην.[4]
Καί νύ κεν ἢ παρέλασσ᾽ ἢ ἀμφήριστον ἔθηκεν,
εἰ μὴ Τυδέος υἷι[5] κοτέσσατο Φοῖβος Ἀπόλλων,
ὅς ῥά οἱ ἐκ χειρῶν ἔβαλεν μάστιγα φαεινήν.
Τοῖο δ᾽ ἀπ᾽ ὀφθαλμῶν χύτο[6] δάκρυα χωομένοιο,
οὕνεκα τὰς μὲν ὅρα[7] ἔτι καὶ πολὺ μᾶλλον ἰούσας,
οἳ δέ οἱ ἐβλάφθησαν ἄνευ κέντροιο θέοντες.
Οὐδ᾽ ἄρ᾽ Ἀθηναίην ἐλεφηράμενος λάθ᾽ Ἀπόλλων
Τυδεΐδην, μάλα δ᾽ ὦκα μετέσσυτο ποιμένα λαῶν,
δῶκε δέ οἱ μάστιγα, μένος δ᾽ ἵπποισιν ἐνῆκεν·
ἣ δὲ μετ᾽ Ἀδμήτου υἱὸν[8] κοτέουσ᾽ ἐβεβήκει,
ἵππειον δέ οἱ ἦξε θεὰ ζυγόν· αἳ δέ οἱ ἵπποι

πύματος, η, ον *(Sup.)*: der letzte

πολιός, ή, όν: grau *(die Meeresküste ist der Zieleinlauf)*

ἄφαρ *Adv.*: sogleich

ἐκφέρω: *hier intr.*: dahinlaufen

ἡ πνοιή, ῆς: der Atemhauch

θέρμω: erwärmen

ἀμφήριστος, ον: strittig *(gemeint*: der Sieg)

κοτέω: zürnen

ἐλεφαίρομαι *DM*: austricksen

μετασ(σ)εύω, *3. Sg. Aor. Med.* **μετέσσυτο**: hinterherjagen

ἄγνυμι, *Aor.* **ἔαξα** *oder* **ἦξα**: zerbrechen

1 ὁ Φηρητιάδης, αο: *„der Sohn des Pheres" (gemeint ist Eumelos) –* 2 *Postposition –* 3 Τρώϊος, η, ον: *„von Tros (dem Gründervater Trojas) herstammend"; Diomedes hatte diese von Göttern geschenkten Pferde dem Ainias geraubt (5. Gesang). –* 4 *3. Dual Imperf. zu* πέτομαι *DM: fliegen –* 5 = υἱῷ – 6 *3. Sg. Aor. Med. zu* χέω – 7 = ἑώρα: *3. Sg. Imperf. zu* ὁράω – 8 *gemeint ist Eumelos*

ἀμφὶς ὁδοῦ δραμέτην, ῥυμὸς δ’ ἐπὶ γαῖαν ἐλύσθη.
Αὐτὸς δ’ ἐκ δίφροιο παρὰ τροχὸν ἐξεκυλίσθη,
ἀγκῶνάς τε περιδρύφθη στόμα τε ῥῖνάς τε,
θρυλίχθη δὲ μέτωπον ἐπ’ ὀφρύσι· τὼ δέ οἱ ὄσσε
δακρυόφι[9] πλῆσθεν,[10] θαλερὴ δέ οἱ ἔσχετο φωνή.
Τυδεΐδης δὲ παρατρέψας ἔχε μώνυχας ἵππους,
πολλὸν τῶν ἄλλων ἐξάλμενος· ἐν[11] γὰρ Ἀθήνη
ἵπποις ἧκε[11] μένος καὶ ἐπ’[11] αὐτῷ κῦδος ἔθηκε.[11]

9 *Instrumentalis Pl.* – 10 = ἐπλήσθησαν – 11 *Tmesis*

ἀμφίς: *hier Präp. (+ Gen.):* ab(gehend) von
ὁ ῥυμός, οῦ: die Deichsel
ὁ τροχός, οῦ: das Rad
περιδρύπτω: abschürfen
θρυλίσσω: zerkratzen
ἡ ὀφρύς, ύος: die (Augen-)Braue
ἔχω: *hier:* lenken

LERNWORTSCHATZ

ὠκύς, εῖα, ύ	schnell	**ἐνίημι**	einflößen
ἄψ *Adv.*	wieder, zurück	**ὁ ζυγός, οῦ**	das Joch
ποδώκης, ες	flinkfüßig	**(ἐκ)κυλίνδω,** *Aor. Pass.* **(ἐξ)ἐκυλίσθην**	herauswälzen, -schleudern
ἄρσην *oder* **ἄρρην, ενος**	männlich	**ὁ ἀγκών, ῶνος**	der Unterarm, der Ellbogen
ἄνευθε(ν) *Adv.*	ferne	**τὼ ὄσσε** *Nom./Akk. Dual*	die (beiden) Augen
ὁ δίφρος, ου	der Wagen(kasten)	**θαλερός ή, όν**	kräftig
ἔοικα *Perf., 3. Dual Plperf.* **ἐΐκτην**	gleichen	**τὸ κῦδος, εος**	die Macht, der Ruhm
ὁ ὦμος, ου	die Schulter	**μῶνυξ, υχος**	einhufig
φαεινός, ή, όν	glänzend, strahlend	**(ἐξ)ἅλλομαι** *DM, Part. Aor.* **(ἐξ)ἅλμενος**	(heraus)springen; Vorsprung haben
χώομαι *DM*	sich ärgern, zürnen		
ὦκα *Adv.*	schnell		
τὸ μένος, εος	die Wut, der Mut; die Kraft		

ANALYSE UND INTERPRETATION

3 Beschreiben Sie im Detail, wie die beiden Götter ihren Schützlingen helfen.

4 Diskutieren Sie, wem heutzutage derartige Unfälle zugeschrieben würden.

5 Vergleichen Sie das Szenenfoto des Unfalls mit der im Text geschilderten Szene. Diskutieren Sie: Wie werden solche Unfälle vermutlich wirklich abgelaufen sein? Was wirkt – im Vergleich zur Schilderung Homers – in jedem Fall unglaubwürdig an der abgebildeten Stunt-Szene?

Szenenfoto aus dem Film „Ben Hur“ von 1959, Regie: William Wyler

6.2 Das Überholmanöver des Antilochos

SPRACHLICHE UND INHALTLICHE VORERSCHLIESSUNG

1 Suchen Sie nach Begriffen, die sich auf „Ruhm", „Sieg" und „Anstrengung" beziehen, und schließen Sie auf die Motivation der Protagonisten in dieser Szene.

Ilias 23,401–430

Τῷ δ' ἄρ' ἐπ'[1] Ἀτρεΐδης εἶχε[1] ξανθὸς Μενέλαος.
Ἀντίλοχος δ' ἵπποισιν ἐκέκλετο πατρὸς ἑοῖο·
„Ἔμβητον[2] καὶ σφῶϊ· τιταίνετον[2] ὅττι τάχιστα.
Ἤτοι μὲν κείνοισιν ἐριζέμεν οὔ τι κελεύω
Τυδεΐδεω[3] ἵπποισι δαΐφρονος, οἷσιν Ἀθήνη
νῦν ὤρεξε τάχος καὶ ἐπ' αὐτῷ κῦδος ἔθηκεν·
ἵππους δ' Ἀτρεΐδαο κιχάνετε, μὴ δὲ λίπησθον,[4]
καρπαλίμως, μὴ σφῶϊν ἐλεγχείην καταχεύῃ
Αἴθη θῆλυς ἐοῦσα· τί ἦ λείπεσθε, φέριστοι;
Ὧδε γὰρ ἐξερέω, καὶ μὴν τετελεσμένον ἔσται·
οὐ σφῶϊν κομιδὴ παρὰ Νέστορι ποιμένι λαῶν
ἔσσεται, αὐτίκα δ' ὔμμε κατακτενεῖ ὀξέϊ χαλκῷ,
αἴ κ' ἀποκηδήσαντε φερώμεθα χεῖρον ἄεθλον.
Ἀλλ' ἐφομαρτεῖτον[5] καὶ σπεύδετον[2] ὅττι τάχιστα·
ταῦτα δ' ἐγὼν αὐτὸς τεχνήσομαι ἠδὲ νοήσω
στεινωπῷ ἐν ὁδῷ παραδύμεναι, οὐδέ με λήσει."
Ὣς ἔφαθ', οἳ δὲ ἄνακτος ὑποδδείσαντες ὁμοκλὴν
μᾶλλον ἐπιδραμέτην[6] ὀλίγον χρόνον· αἶψα δ' ἔπειτα
στεῖνος ὁδοῦ κοίλης ἴδεν Ἀντίλοχος μενεχάρμης.
Ῥωχμὸς ἔην γαίης, ᾗ χειμέριον ἀλὲν ὕδωρ
ἐξέρρηξεν ὁδοῖο, βάθυνε δὲ χῶρον ἅπαντα·
τῇ ῥ' εἶχεν Μενέλαος ἁματροχιὰς ἀλεείνων.
Ἀντίλοχος δὲ παρατρέψας ἔχε μώνυχας ἵππους
ἐκτὸς ὁδοῦ, ὀλίγον δὲ παρακλίνας ἐδίωκεν.
Ἀτρεΐδης δ' ἔδδεισε καὶ Ἀντιλόχῳ ἐγεγώνει·

ἐπέχω (+ *Dat.*): *hier intr.*: zuhalten auf
τιταίνω: *hier intr.*: sich strecken, sich anstrengen
καρπάλιμος, ον: schnell
ἡ ἐλεγχείη, ης: die Schande
τί ἦ: was denn nun
ἀποκηδέω: nachlässig sein
τεχνάω: ersinnen
στεινωπός, όν: eng
ὑποδείδω: fürchten
ἡ ὁμοκλή, ῆς: der Zuruf
τὸ στεῖνος, εος: die Engstelle
μενεχάρμης, ου *m.*: standhaft
ὁ ῥωχμός, οῦ: die Spalte
ᾗ *Adv.*: wo
βαθύνω: vertiefen
τῇ *Adv.*: dort(hin)
ἔχω: *hier intr.*: zuhalten auf
ἡ ἁματροχιή, ῆς: der Zusammenprall

1 *Tmesis* – 2 *Imperativ 2. Dual. Akt.* – 3 *Der Tydeus-Sohn (gemeint ist Diomedes) ist mit seinen Götterpferden nicht einzuholen. Es geht um den zweiten Platz.* – 4 *2. Dual Konj. Aor. Med.* – 5 *Imperativ 2. Dual zu* ἐφομαρτέω: *mitziehen* – 6 *3. Dual. Aor.*

„Ἀντίλοχ', ἀφραδέως ἱππάζεαι· ἀλλ' ἄνεχ' ἵππους·
στεινωπὸς γὰρ ὁδός, τάχα δ' εὐρυτέρη[6] παρελάσσαι·
μή πως ἀμφοτέρους δηλήσεαι[7] ἅρματι κύρσας."
Ὣς ἔφατ', Ἀντίλοχος δ' ἔτι καὶ πολὺ μᾶλλον ἔλαυνε
κέντρῳ ἐπισπέρχων ὡς οὐκ ἀΐοντι ἐοικώς.

ἱππάζομαι *DM:* Pferde lenken

κύρω: zusammenstoßen

ἐπισπέρχω: antreiben

6 *erg.* ἔσται – 7 *2. Sg. Konj. Aor.*

LERNWORTSCHATZ

ἐπικέλομαι *DM, Aor.* **ἐκεκλόμην**	zurufen	**κοῖλος, η, ον**	hohl
δαΐφρων, ον	verständig, kundig	**χειμέριος, η, ον**	winterlich; kalt
ὀρέγω, *Aor.* **ὤρεξα**	darbieten	**εἴλ(λ)ω,** *Aor. Pass.* **ἐάλην**	zusammendrängen, verdichten
τὸ κῦδος, εος	die Macht, der Ruhm	**ἀλ(ε)είνω**	vermeiden
κιχάνω	erreichen, antreffen	**γέγωνα** *Perf., 3. Sg. Plperf.* **ἐγεγώνει**	schreien, rufen
(ἀγαθός)		**μῶνυξ, υχος**	einhufig
Komp. **φέρτερος**	besser	**ἀφραδής, ές**	unbedacht
Sup. **φέρτατος** *oder* **φέριστος**	der beste	**ἀΐω**	hören
ἡ κομιδή, ῆς	die Pflege		

ANALYSE UND INTERPRETATION

2 Stellen Sie Vermutungen an, welche Folgen das Überholmanöver des Antilochos hätte haben können, wenn Menelaos nicht nachgegeben hätte.

3 Diskutieren Sie die Prinzipien von Fairness und Risikobereitschaft im Leistungssport.

4 Im Film „Ben Hur" sind der Hauptheld Judah Ben Hur und sein Erzfeind Messala Gegner beim Wagenrennen. Überlegen Sie, welchem Moment des homerischen Wagenrennens die Filmszene am meisten entspricht, und nennen Sie die Unterschiede.

Ben Hur und Messala. Szenenfoto aus dem Film „Ben Hur" von 2016, Regie: Timur Bekmambetov

7 Versöhnliches Ende: Priamos bei Achill

7.1 Die Rede des Priamos

König Priamos hat, von Hermes unsichtbar gemacht, die Wächter umgangen und ist heimlich bis in die Hütte des Achill vorgedrungen. Er will Achill um die Herausgabe seines toten Sohnes Hektor bitten.

SPRACHLICHE UND INHALTLICHE VORERSCHLIESSUNG

1 Erschließen Sie, mit welcher Haltung Priamos Achill aufsucht.

2 Stellen Sie die Begriffe zusammen, die Familienbeziehungen ausdrücken.

Ilias 24,485–506

Τὸν καὶ λισσόμενος Πρίαμος πρὸς[1] μῦθον ἔειπε·[1]
„Μνῆσαι πατρὸς σοῖο, θεοῖς ἐπιείκελ' Ἀχιλλεῦ,
τηλίκου ὥς περ ἐγών, ὀλοῷ ἐπὶ γήραος οὐδῷ·
καὶ μέν που κεῖνον περιναιέται ἀμφὶς ἐόντες
τείρουσ', οὐδέ τίς ἐστιν ἀρὴν καὶ λοιγὸν ἀμῦναι.
Ἀλλ' ἤτοι κεῖνός γε σέθεν ζώοντος ἀκούων
χαίρει τ' ἐν θυμῷ, ἐπί τ' ἔλπεται ἤματα πάντα
ὄψεσθαι φίλον υἱὸν ἀπὸ Τροίηθεν ἰόντα·
αὐτὰρ ἐγὼ πανάποτμος, ἐπεὶ τέκον υἷας[2] ἀρίστους
Τροίῃ ἐν εὐρείῃ, τῶν δ' οὔ τινά φημι λελεῖφθαι.
Πεντήκοντά μοι ἦσαν, ὅτ' ἤλυθον υἷες[3] Ἀχαιῶν·
ἐννεακαίδεκα μέν μοι ἰῆς[4] ἐκ νηδύος[4] ἦσαν,
τοὺς δ' ἄλλους μοι ἔτικτον ἐνὶ μεγάροισι γυναῖκες.
Τῶν μὲν πολλῶν θοῦρος Ἄρης ὑπὸ γούνατ' ἔλυσεν·
ὃς δέ μοι οἶος ἔην, εἴρυτο δὲ ἄστυ καὶ αὐτούς,[5]
τὸν σὺ πρῴην κτεῖνας ἀμυνόμενον περὶ πάτρης
Ἕκτορα· τοῦ νῦν εἵνεχ'[6] ἱκάνω νῆας Ἀχαιῶν
λυσόμενος παρὰ σεῖο, φέρω δ' ἀπερείσι' ἄποινα.
Ἀλλ' αἰδεῖο[7] θεούς, Ἀχιλεῦ, αὐτόν τ' ἐλέησον
μνησάμενος σοῦ πατρός· ἐγὼ δ' ἐλεεινότερός περ,
ἔτλην δ' οἷ' οὔ πώ τις ἐπιχθόνιος βροτὸς ἄλλος,
ἀνδρὸς παιδοφόνοιο ποτὶ στόμα χεῖρ' ὀρέγεσθαι."

ὁ οὐδός, οῦ: die Schwelle
ὁ περιναιέτης, ου: der Anwohner
τείρω: zerreiben; belästigen
ἐπέλπομαι *DM*: dazu (noch) hoffen
πανάποτμος, ον: ganz unglücklich
θοῦρος, ον: kampflustig
παιδόφονος, ου *m.*: söhnemordend

1 *Tmesis* – 2 = υἱούς – 3 = υἱοί – 4 *„aus dem rechtmäßigen Schoß", gemeint ist „von der rechtmäßigen Gattin"* – 5 *gemeint sind die Bewohner Trojas* – 6 = ἕνεκα – 7 = αἰδοῦ

LERNWORTSCHATZ

λίσσομαι *DM*	(an)flehen, bitten	**ἀπερείσιος, η, ον**	unermesslich
ἐπιείκελος, ον	gleich	**τὸ ἄποινον, ου**	das Lösegeld
τηλίκος, η, ον	so alt	**ἐλ(ε)εινός, ή, όν**	erbarmungswürdig
ὀλοός, ή, όν	verderblich	**ἔτλην** *Aor., Inf.* **τλῆναι**	ertragen, über sich bringen
ἡ ἀρή, ῆς	der Fluch, das Verderben	**ἐπιχθόνιος, ον**	auf Erden lebend
ὁ λοιγός, οῦ	das Unheil	**ὀρέγω**	darbieten, *Med.* ausstrecken
ῥύομαι *DM*	bewahren, (er)retten		
πρῴην *Adv.*	vorgestern; kürzlich		
ἡ πάτρη, ης	die Heimat		

ANALYSE UND INTERPRETATION

3 Nennen Sie Argumente, mit denen Priamos Achill einerseits gnädig, andererseits nachdenklich zu stimmen versucht.

Priamos bei Achill. Vasenmalerei, 6. Jahrhundert v. Chr., Kassel, Antikensammlung

7.2 Die Reaktion des Achill

SPRACHLICHE UND INHALTLICHE VORERSCHLIESSUNG

1 Nennen Sie Begriffe und Verben des Textes, die körperliche Gesten und emotionale Handlungen ausdrücken.

Ilias 24,507–524

Ὣς φάτο, τῷ δ' ἄρα πατρὸς ὑφ'[1] ἵμερον ὦρσε[1] γόοιο·
ἁψάμενος δ' ἄρα χειρὸς ἀπώσατο ἦκα γέροντα.
Τὼ δὲ μνησαμένω ὃ μὲν Ἕκτορος ἀνδροφόνοιο
κλαῖ' ἁδινὰ προπάροιθε ποδῶν Ἀχιλῆος ἐλυσθείς,
αὐτὰρ Ἀχιλλεὺς κλαῖεν ἑὸν πατέρ', ἄλλοτε δ' αὖτε
Πάτροκλον· τῶν δὲ στοναχὴ κατὰ δώματ' ὀρώρει.
Αὐτὰρ ἐπεί ῥα γόοιο τετάρπετο[2] δῖος Ἀχιλλεύς,
καί οἱ ἀπὸ πραπίδων ἦλθ' ἵμερος ἠδ' ἀπὸ γυίων,
αὐτίκ' ἀπὸ θρόνου ὦρτο,[3] γέροντα δὲ χειρὸς ἀνίστη
οἰκτίρων πολιόν τε κάρη πολιόν τε γένειον,
καί μιν φωνήσας ἔπεα πτερόεντα προσηύδα·
„Ἆ δείλ', ἦ δὴ πολλὰ κάκ' ἄνσχεο[4] σὸν κατὰ θυμόν.
Πῶς ἔτλης ἐπὶ νῆας Ἀχαιῶν ἐλθέμεν οἶος
ἀνδρὸς ἐς ὀφθαλμούς, ὅς τοι πολέας[5] τε καὶ ἐσθλοὺς
υἱέας[6] ἐξενάριξα; Σιδήρειόν νύ τοι ἦτορ.
Ἀλλ' ἄγε δὴ κατ' ἄρ' ἕζευ[7] ἐπὶ θρόνου, ἄλγεα δ' ἔμπης
ἐν θυμῷ κατακεῖσθαι ἐάσομεν ἀχνύμενοί περ·
οὐ γάρ τις πρῆξις πέλεται κρυεροῖο γόοιο."

ἦκα *Adv.*: leicht, sanft

ἀνδρόφονος, ον: männermordend

ἁδινός, ή, όν: heftig

ἡ πραπίς, ίδος: der Verstand, der Sinn

ἔμπης *Adv.*: trotzdem; auch so

ἡ πρῆξις, ιος: *hier:* die Wirkung, der Sinn

κρυερός ή, όν: kalt; schrecklich

1 *Tmesis* – 2 *3. Sg. Aor. Med. zu* τέρπω – 3 *3. Sg. Aor. zu* ὄρνυμαι *Med.: sich erheben* – 4 = ἀνέσχου, *2. Sg. Aor. Med. zu* ἀνέχω – 5 = πολλούς – 6 = υἱούς – 7 = ἕζου: *Imperativ 2. Sg. Med.*

LERNWORTSCHATZ

ὁ γόος, ου	die Klage, der Jammer	**πολιός, ή, όν**	grau
(ἀπ)ωθέω, *Aor.* **(ἀπ)ἔωσα**	(weg-)stoßen	**τὸ κάρη, κρατός** *oder* **καρήατος**	der Kopf
προπάροιθε(ν) (+ *Gen.*)	vor	**ὁ γένειος, ου**	die Kinnlade
εἰλύω, *Part. Aor. Pass.* **ἐλυσθείς**	wälzen	**πτερόεις, εσσα, εν**	geflügelt
		προσαυδάω	anreden, (an)sprechen
ἡ στοναχή, ῆς	das Seufzen, der Jammer	**(ἐξ)ἐναρίζω,** *Aor.* **(ἐξ)ἐνάριξα**	der Rüstung berauben, töten
τὸ δῶμα, ατος	das Haus; der Palast		
δῖος, α, ον	herrlich, göttlich	**τὸ ἦτορ, ορος**	das Herz; der Mut
ὁ ἵμερος, ου	die Sehnsucht	**τὸ ἄλγος, εος**	der Schmerz, das Leid
τὰ γυῖα, ων *n. Pl.*	die Glieder	**ἄχνυμαι** *DM*	sich bekümmern
οἰκτ(ε)ίρω	(be)jammern		

ANALYSE UND INTERPRETATION

2 Begründen Sie aus eigenem Empfinden Achills Erstaunen und seine anschließende Reaktion.

3 Stellen Sie Vermutungen über den Ausgang der Szene an: Wird Achill Priamos den Wunsch nach Hektors Leiche und Waffenstillstand zu seiner Bestattung gewähren?

3 Erklären Sie, welchen Moment der bei Homer geschilderten Szene die bildliche Darstellung zeigt.

4 Schließen Sie aus Achills Gestik und Gesichtsausdruck auf seine momentanen Emotionen.

Priamos bittet Achill um den Leichnam des Hektor. Zeichnung von Peter von Cornelius, 1827/28, Berlin, Staatliche Museen

8 Das Irrfahrt-Motiv

8.1 Proömium, Inhalt der Odyssee und Ursachen der Irrfahrt

SPRACHLICHE UND INHALTLICHE VORERSCHLIESSUNG

1 Das Leitmotiv der Odyssee ist die Heimkehr. Stellen Sie aus dem Proömium die wesentlichen Begriffe aus diesem Sachfeld unter dem Gesichtspunkt der Mühsal zusammen.

Odyssee 1,1–21

Ἄνδρα μοι ἔννεπε, Μοῦσα, πολύτροπον, ὃς μάλα πολλὰ[1]
πλάγχθη, ἐπεὶ Τροίης ἱερὸν πτολίεθρον ἔπερσε·
πολλῶν δ' ἀνθρώπων ἴδεν ἄστεα καὶ νόον ἔγνω,
πολλὰ δ' ὅ γ' ἐν πόντῳ πάθεν ἄλγεα ὃν κατὰ θυμόν,
ἀρνύμενος ἥν τε ψυχὴν καὶ νόστον ἑταίρων.
Ἀλλ' οὐδ' ὣς ἑτάρους[2] ἐρρύσατο, ἱέμενός περ·
αὐτῶν γὰρ σφετέρῃσιν ἀτασθαλίῃσιν ὄλοντο,
νήπιοι, οἳ κατὰ[3] βοῦς Ὑπερίονος Ἠελίοιο ἤσθιον·[3]
αὐτὰρ ὁ τοῖσιν ἀφείλετο[4] νόστιμον ἦμαρ.
Τῶν ἁμόθεν γε, θεά, θύγατερ Διός, εἰπὲ καὶ ἡμῖν.
Ἔνθ' ἄλλοι μὲν πάντες, ὅσοι φύγον αἰπὺν ὄλεθρον,
οἴκοι ἔσαν,[5] πόλεμόν τε πεφευγότες ἠδὲ θάλασσαν·
τὸν δ' οἶον, νόστου κεχρημένον[6] ἠδὲ γυναικός,
νύμφη πότνι' ἔρυκε Καλυψώ, δῖα θεάων,
ἐν σπέεσι γλαφυροῖσι, λιλαιομένη πόσιν εἶναι.
Ἀλλ' ὅτε δὴ ἔτος ἦλθε περιπλομένων ἐνιαυτῶν,
τῷ οἱ ἐπεκλώσαντο θεοὶ οἰκόνδε νέεσθαι
εἰς Ἰθάκην, οὐδ' ἔνθα πεφυγμένος ἦεν ἀέθλων[7]
καὶ μετὰ οἷσι φίλοισι· θεοὶ δ' ἐλέαιρον ἅπαντες
νόσφι Ποσειδάωνος· ὁ δ' ἀσπερχὲς μενέαινεν
ἀντιθέῳ Ὀδυσῆι πάρος[8] ἣν γαῖαν ἱκέσθαι.

ἀλλ' οὐδ' ὥς: aber auch so nicht
ἵεμαι *Med.*: begehren, verlangen
σφέτερος, η, ον: ihr (eigener)
ἡ ἀτασθαλίη, ης: der Übermut, der Frevel
ὁ Ὑπερίων, ονος: der in der Höhe Wandelnde *(Helios)*
νόστιμος, ον: zur Heimkehr bestimmt, heimkehrend
τῶν ἁμόθεν: von irgendwo an
οἴκοι *Adv.*: zu Hause, daheim
λιλαίομαι *DM*: begehren, trachten nach
περιπέλομαι *DM, Part. Aor.:* **περιπλόμενος**: sich drehen, kreisen
ἐπικλώθω: bestimmen
ἐλεαίρω: Mitleid haben
ἀσπερχές *Adv.*: eifrig, unablässig

1 *hier: Adv.* – 2 = ἑταίρους – 3 *Tmesis* – 4 *3. Sg. Aor. Med. zu* ἀφαιρέω – 5 = ἦσαν – 6 *Part. Perf. zu* χρήομαι *DM (+ Gen.): bedürfen, begehren* – 7 = ἄθλων – 8 = πρίν + *Inf.*

LERNWORTSCHATZ

ἐν(ν)έπω	(ver)künden, sagen	ἡ νύμφη, ης	die junge Frau; die Nymphe
πολύτροπος, ον	(viel)gewandt	πότνια *f. Nom./Vok.*	mächtig; *(Subst.)* die Herrin
πλάζομαι *Pass., Aor.* ἐπλάγχθην	umherirren, verschlagen werden	δῖος, α, ον	herrlich; göttlich
τὸ πτολίεθρον, ου	die Burg, die (befestigte) Stadt	ἐρύκω	zurückhalten, abwehren
(ἐκ)πέρθω, *Aor.* (ἐξ)ἔπερσα	zerstören; plündern	τὸ σπέος, ους, *Dat. Pl.* σπήεσσι	die Höhle, die Grotte
τὸ ἄλγος, εος	der Schmerz, das Leid	γλαφυρός, ή, όν	gewölbt, hohl
ἄρνυμαι *DM*	erwerben; sich mühen um	ὁ πόσις, ιος	der Gatte
ῥύομαι *DM*	bewahren, (er)retten	νέομαι *DM*	(heim)kommen
ὁ νόστος, ου	die Heimkehr	νόσφι(ν) *(+ Gen.)*	getrennt von; fern (von); außer
νήπιος, η, ον	unmündig; unwissend	μενεαίνω	zürnen
(κατ)ἐσθίω	(auf)essen, verzehren	ἱκνέομαι *DM (+ Akk.)*	(hin)kommen (zu, auf)
αἰπύς, εῖα, ύ	steil; jäh, plötzlich	**ἀντίθεος, (η), ον**	göttergleich
οἶος, η, ον	einzig, alleine, nur		

ANALYSE UND INTERPRETATION

2 Arbeiten Sie aus dem Odyssee-Proömium die Hinweise auf wichtige Ereignisse des gesamten Epos heraus und nennen Sie diejenigen Personen, die Einfluss auf Odysseus' Schicksal nehmen.

3 Vergleichen Sie den ersten Teil des Proömiums (Verse 1–9) mit den auf Seite 11 angeführten Versen des Proömiums der Aeneis. Erläutern Sie, inwiefern für Vergil Odysseus als Vorlage für seinen Helden Aeneas gedient hat.

8.2 Götterversammlung

8.2.1 Gespräch zwischen Zeus und Athene

Gleich nach dem Proömium wechselt die Erzählung auf die Götterebene. Auf dem Olymp hat Zeus die Götter versammelt und ergreift – empört über die Menschen – das Wort.

SPRACHLICHE UND INHALTLICHE VORERSCHLIESSUNG

1 Sammeln Sie Informationen zum Begriff „Theodizee" im religionsgeschichtlichen Kontext.

Odyssee 1,28–62 (gekürzt)

Τοῖσι[1] δὲ μύθων ἦρχε πατὴρ ἀνδρῶν τε θεῶν τε· […]
„Ὢ πόποι, οἷον δή νυ θεοὺς βροτοὶ αἰτιόωνται.[2]
Ἐξ ἡμέων γάρ φασι κάκ' ἔμμεναι·[3] οἱ δὲ καὶ αὐτοὶ
σφῇσιν ἀτασθαλίῃσιν ὑπὲρ μόρον ἄλγε' ἔχουσιν,
ὡς καὶ νῦν Αἴγισθος ὑπὲρ μόρον Ἀτρεΐδαο
γῆμ'[4] ἄλοχον μνηστήν, τὸν δ' ἔκτανε νοστήσαντα,
εἰδὼς αἰπὺν ὄλεθρον, ἐπεὶ πρό[5] οἱ εἴπομεν[5] ἡμεῖς,
Ἑρμείαν πέμψαντες, ἐΰσκοπον Ἀργεϊφόντην,
μήτ' αὐτὸν κτείνειν μήτε μνάασθαι ἄκοιτιν·
ἐκ γὰρ Ὀρέσταο τίσις ἔσσεται Ἀτρεΐδαο,
ὁππότ' ἂν ἡβήσῃ τε καὶ ἧς ἱμείρεται αἴης." […]
Τὸν δ' ἠμείβετ' ἔπειτα θεὰ γλαυκῶπις Ἀθήνη·
„Ὦ πάτερ ἡμέτερε Κρονίδη, ὕπατε κρειόντων,
καὶ λίην κεῖνός γε ἐοικότι κεῖται ὀλέθρῳ,
ὡς ἀπόλοιτο καὶ ἄλλος ὅτις[6] τοιαῦτά γε ῥέζοι.
Ἀλλά μοι ἀμφ' Ὀδυσῆι δαΐφρονι δαίεται ἦτορ
δυσμόρῳ, ὃς δὴ δηθὰ φίλων ἄπο[7] πήματα πάσχει
νήσῳ ἐν ἀμφιρύτῃ, ὅθι τ' ὀμφαλός ἐστι θαλάσσης. […]
Αὐτὰρ Ὀδυσσεύς,
ἱέμενος καὶ καπνὸν ἀποθρῴσκοντα νοῆσαι
ἧς γαίης, θανέειν ἱμείρεται. Οὐδέ νυ σοί περ
ἐντρέπεται φίλον ἦτορ, Ὀλύμπιε; Οὔ νύ τ' Ὀδυσσεὺς
Ἀργείων παρὰ νηυσὶ χαρίζετο ἱερὰ ῥέζων
Τροίῃ ἐν εὐρείῃ; Τί νύ οἱ τόσον ὠδύσαο,[8] Ζεῦ;"

ὢ πόποι: *emotionaler Ausruf:* „ach, o weh"

ἡ ἀτασθαλίη, ης: der Übermut, der Frevel

μνηστή *f.*: gefreit, rechtmäßig geehelicht

ἐΰσκοπος, ον: scharf spähend

μνάομαι *DM*: freien, werben um

ἡ τίσις, εως: die Rache, die Strafe

ἱμείρομαι *DM (+ Gen.):* sich sehnen nach

ἡ αἶα, ης: die Erde, das Land

ὕπατος, η, ον *(Sup.)*: der höchste

ἐοικώς, υῖα, ός: gebührend, verdient

δαίομαι *Pass.*: zerrissen werden

δηθά *Adv.*: lange (Zeit) schon

ἀμφίρυτος, η, ον: rings umflossen

ἵεμαι *Med.*: begehren, verlangen

ἀποθρῴσκω *hier:* aufsteigen

ἐντρέπομαι *Med.*: sich umdrehen

1 *hier: zu ihnen, unter ihnen* – 2 = αἰτιάονται – 3 = εἶναι – 4 = ἔγημεν – 5 *Tmesis* – 6 = ὅστις – 7 *Postposition* – 8 *2. Sg. Aor. zu* ὀδύσσομαι *DM: zürnen*

LERNWORTSCHATZ

βροτός, ή, όν	sterblich	**ὁ Κρονίδης, ου**	der Kronos-Sohn *(Zeus)*
ὁ μόρος, ου	das Los, das Schicksal	**κρείων, κρείοντος**	herrschend; *(Subst.)* der Herrscher
τὸ ἄλγος, εος	der Schmerz, das Leid	**ῥέζω**	machen, tun, handeln
ἡ ἄλοχος, ου	die Ehefrau	**δαΐφρων, ον**	verständig, kundig
νοστέω	heimkehren	**τὸ ἦτορ, ορος**	das Herz; der Mut
αἰπύς, εῖα, ύ	steil; jäh, plötzlich	**τὸ πῆμα, ατος**	das Leid, das Unheil
ὁ Ἀργεϊφόντης, ου	der Argostöter *(Hermes)*	**ὅθι** *Adv. (rel.)*	wo
ἡ ἄκοιτις, ιος	die „Lagergenossin", die Gattin	**ὁ ὀμφαλός, οῦ**	der Nabel, der Mittelpunkt
ἡβάω	jung (erwachsen) sein	**ὁ καπνός, οῦ**	der Rauch
γλαυκῶπις, ιδος *f.*	mit leuchtenden Augen, helläugig *(Athene)*		

ANALYSE UND INTERPRETATION

2 Gliedern Sie Zeus' Rede und stellen Sie daraus einige Begriffe zusammen, die die ethische und religiöse Dimension der Thematik verdeutlichen.

3 Analysieren Sie Athenes Bitte an Zeus hinsichtlich ihrer Redeführung sowie der rhetorischen und psychologischen Mittel.

Vergleichstext: Die Sintflut

Der HERR sah, dass auf der Erde die Bosheit des Menschen zunahm und dass alles Sinnen und Trachten seines Herzens immer nur böse war. Da reute es den HERRN, auf der Erde den Menschen gemacht zu haben, und es tat seinem Herzen weh. Der HERR sagte: Ich will den Menschen, den ich erschaffen habe, vom Erdboden vertilgen, mit ihm auch das Vieh, die Kriechtiere und die Vögel des Himmels, denn es reut mich, sie gemacht zu haben. Nur Noach fand Gnade in den Augen des HERRN.

AT, Genesis 6,5–8 (Einheitsübersetzung)

4 Die alttestamentliche Geschichte von der Sintflut gehört zu den wirkmächtigsten religions- und kulturgeschichtlichen Erzählungen der Weltliteratur. Das Thema ist wie in der Anfangsszene der Odyssee eine Konfrontation zwischen Gott (dem HERRN) und den Menschen.

a Vergleichen Sie den alttestamtentlichen Text mit dem Text der Odyssee.

b Vertiefende Fragestellung: Beide Texte berühren eine religiöse Dimension der Menschheitsgeschichte. Ermitteln Sie Analogien.

8.2.2 Odysseus darf heimkehren

Athene gelingt es schließlich, Zeus milde zu stimmen und die Verschonung und Rettung des Odysseus zu erreichen.

Odyssee 1,63–95 (gekürzt)

Τὴν δ᾽ ἀπαμειβόμενος προσέφη νεφεληγερέτα Ζεύς·
„Τέκνον ἐμόν, ποῖόν σε ἔπος φύγεν ἕρκος ὀδόντων.
Πῶς ἂν ἔπειτ᾽ Ὀδυσῆος ἐγὼ θείοιο λαθοίμην,
ὃς περὶ[1] μὲν νόον[2] ἐστὶ[1] βροτῶν, περὶ δ᾽ ἱρὰ θεοῖσιν
ἀθανάτοισιν ἔδωκε, τοὶ οὐρανὸν εὐρὺν ἔχουσιν;
Ἀλλὰ Ποσειδάων γαιήοχος ἀσκελὲς αἰὲν
Κύκλωπος κεχόλωται, ὃν ὀφθαλμοῦ ἀλάωσεν,
ἀντίθεον Πολύφημον, ὅου κράτος ἐστὶ μέγιστον. [...]
Ἐκ τοῦ δὴ Ὀδυσῆα Ποσειδάων ἐνοσίχθων
οὔ τι κατακτείνει, πλάζει δ᾽ ἀπὸ πατρίδος αἴης.
Ἀλλ᾽ ἄγεθ᾽ ἡμεῖς οἵδε περιφραζώμεθα πάντες
νόστον, ὅπως ἔλθησι· Ποσειδάων δὲ μεθήσει
ὃν χόλον· οὐ μὲν γάρ τι δυνήσεται ἀντία πάντων
ἀθανάτων ἀέκητι θεῶν ἐριδαινέμεν οἶος."
Τὸν δ᾽ ἠμείβετ᾽ ἔπειτα θεὰ γλαυκῶπις Ἀθήνη·
„Ὦ πάτερ ἡμέτερε Κρονίδη, ὕπατε κρειόντων,
εἰ μὲν δὴ νῦν τοῦτο φίλον μακάρεσσι θεοῖσι,
νοστῆσαι Ὀδυσῆα πολύφρονα ὅνδε δόμονδε,
Ἑρμείαν μὲν ἔπειτα, διάκτορον Ἀργεϊφόντην,
νῆσον ἐς Ὠγυγίην[3] ὀτρύνομεν, ὄφρα τάχιστα
νύμφῃ ἐϋπλοκάμῳ εἴπῃ νημερτέα βουλήν,
νόστον Ὀδυσσῆος ταλασίφρονος, ὥς κε νέηται.
Αὐτὰρ ἐγὼν Ἰθάκηνδε ἐλεύσομαι, ὄφρα οἱ υἱὸν[4]
μᾶλλον ἐποτρύνω καί οἱ μένος ἐν φρεσὶ θείω.[5] [...]
Πέμψω δ᾽ ἐς Σπάρτην τε καὶ ἐς Πύλον ἠμαθόεντα
νόστον πευσόμενον πατρὸς φίλου, ἤν[6] που ἀκούσῃ,
ἠδ᾽ ἵνα μιν κλέος ἐσθλὸν ἐν ἀνθρώποισιν ἔχῃσιν."

λανθάνομαι *Med. (+ Gen.):* (etwas) vergessen
περί *Adv.*: reichlich, im Übermaß
γαιήοχος, ου *m.*: erdbewegend; der Erderschütterer *(Poseidon)*
ἀσκελής, ές: unablässig
ἀλαόω: blenden
πλάζω: (ver)schlagen, umhertreiben
ἡ αἶα, ης: die Erde, das Land
περιφράζομαι *DM*: überlegen
ἀντία *Adv.*: (da)gegen
ἀέκητι *(+ Gen.):* gegen den Willen
ἐριδαίνω: trotzen, sich widersetzen
ὕπατος, η, ον *(Sup.)*: der höchste
πολύφρων, ον: (sehr) klug
νημερτής, ές: untrüglich, unfehlbar
ἠμαθόεις, εσσα, εν: sandig

1 *Tmesis* – 2 *Akk. der Beziehung* – 3 ἡ Ὠγυγίη, ης: *Ogygia (Insel der Nymphe Kalypso)* – 4 *gemeint ist Telemach, der Sohn von Odysseus und Penelope* – 5 *1. Sg. Konj. Aor. zu* τίθημι – 6 = ἐάν: *hier: ob etwa*

LERNWORTSCHATZ

νεφεληγερέτα *m. Nom./Vok.*	der Wolkensammler *(Zeus)*	**μάκαρ, αρος**	selig
τὸ ἕρκος, εος	das Gehege; der Schutz	**νοστέω**	heimkehren
ὁ ὀδούς, ὀδόντος	der Zahn	**ὁ δόμος, ου**	das Gebäude; das Haus
βροτός, ή, όν	sterblich	**ὁ διάκτορος, ου**	der Geleiter *(Hermes)*
εὐρύς, εῖα, ύ	weit, breit	**ὁ Ἀργεϊφόντης, ου**	der Argostöter *(Hermes)*
χολόομαι *Pass.*	zürnen	**(ἐπ)ὀτρύνω**	antreiben, in Bewegung setzen; schicken
ἀντίθεος, (η), ον	göttergleich	**ἡ νύμφη, ης**	die junge Frau; die Nymphe
ἐνοσίχθων, ονος, *m.*	der Erderschütterer *(Poseidon)*	**ἐϋπλόκαμος, ον**	mit schön geflochtenen Zöpfen, schöngelockt
ὁ νόστος, ου	die Heimkehr	**ταλασίφρων, ον**	standhaft, geduldig
ὁ χόλος, ου	die Galle; der Zorn	**νέομαι** *DM*	(heim)kommen
οἶος, η, ον	einzig, alleine, nur	**τὸ μένος, εος**	die Wut, der Mut; die Kraft
γλαυκῶπις, ιδος *f.*	mit leuchtenden Augen, helläugig *(Athene)*	**ἡ φρήν, φρενός**	der Sinn, der Verstand
ὁ Κρονίδης, ου	der Kronos-Sohn *(Zeus)*	**τὸ κλέος, ους**	der Ruhm
κρείων, κρείοντος	herrschend; *(Subst.)* der Herrscher	**ἐσθλός, ή, όν**	tüchtig, gut, edel

ANALYSE UND INTERPRETATION

1 Durch die Debatte zwischen Zeus und Athene gerät Odysseus in das Konfliktfeld zweier konträrer göttlicher Einflussnahmen. Zeigen Sie anhand dieses Dialogablaufs auf, welche Götterinteressen jeweils berücksichtigt werden und welche Dramaturgie für den weiteren Handlungsablauf der Odyssee damit vorgegeben wird.

2 Die ersten vier Gesänge der Odyssee werden aufgrund der dem Telemach zugedachten Rolle auch „Telemachie" genannt. Suchen Sie aus Athenes Rede die Passage heraus, die auf diesen Handlungsstrang hindeutet, und nennen Sie die darin angekündigten Ereignisse.

3 Beschreiben Sie den Gefühlsausdruck, den Odysseus auf dem Gemälde zeigt, und ordnen Sie die entsprechenden Passagen aus der Rede der Athene zu.

Odysseus auf Ogygia, der Insel der Nymphe Kalypso. Gemälde von Detlev Conrad Blunck, 1830, Flensburg, Museumsberg

9 Die Telemachie

9.1 Telemach bei Nestor

9.1.1 Im Palast bei Nestor

In Begleitung von Athene ist Telemach mit einigen Freunden über das Meer nach Pylos gefahren, um bei Nestor Erkundungen über seinen Vater Odysseus einzuholen.

SPRACHLICHE UND INHALTLICHE VORERSCHLIESSUNG

1 Informieren Sie sich über die Gestalt des Nestor und über dessen Königssitz in Pylos, der einen wichtigen archäologischen Fundort für die mykenische Kultur darstellt.

Odyssee 3,79–101 (gekürzt)

„Ὦ Νέστορ Νηληϊάδη,[1] μέγα κῦδος Ἀχαιῶν,
εἴρεαι, ὁππόθεν εἰμέν[2]· ἐγὼ δέ κέ τοι καταλέξω.
Ἡμεῖς ἐξ Ἰθάκης Ὑπονηΐου εἰλήλουθμεν·[3]
πρῆξις δ' ἥδ' ἰδίη, οὐ δήμιος, ἣν ἀγορεύω.
Πατρὸς ἐμοῦ κλέος εὐρὺ μετέρχομαι, ἤν[4] που ἀκούσω,
δίου Ὀδυσσῆος ταλασίφρονος, ὅν ποτέ φασι
σὺν σοὶ μαρνάμενον Τρώων πόλιν ἐξαλαπάξαι. [...]
Οὐ γάρ τις δύναται σάφα εἰπέμεν, ὁππόθ' ὄλωλεν,
εἴ θ' ὅ γ' ἐπ' ἠπείρου δάμη[5] ἀνδράσι δυσμενέεσσιν,
εἴ τε καὶ ἐν πελάγει μετὰ κύμασιν Ἀμφιτρίτης.[6] [...]
Μηδέ τί μ' αἰδόμενος[7] μειλίσσεο μηδ' ἐλεαίρων,
ἀλλ' εὖ μοι κατάλεξον, ὅπως ἤντησας ὀπωπῆς.
Λίσσομαι, εἴ ποτέ τοί τι πατὴρ ἐμός, ἐσθλὸς Ὀδυσσεύς,
ἢ ἔπος ἠέ τι ἔργον ὑποστὰς[8] ἐξετέλεσσε
δήμῳ ἔνι[9] Τρώων, ὅθι πάσχετε πήματ' Ἀχαιοί·
τῶν νῦν μοι μνῆσαι,[10] καί μοι νημερτὲς ἐνίσπες.“ [11]

Ὑπονήϊος, ον: am Fuß des Neïon liegend *(Berg auf Ithaka)*

ἡ πρῆξις, ιος: das Geschäft, die Angelegenheit

δήμιος, ον: öffentlich

μετέρχομαι *DM*: nachgehen, aufsuchen

ἐξαλαπάζω: zerstören, vernichten

μειλίσσομαι *Med.*: mildern, beruhigen

ἀντάω *(+ Gen.)*: begegnen, antreffen

ἡ ὀπωπή, ῆς: der Anblick

ἐκτελέω: vollenden, erfüllen

1 ὁ Νηληϊάδης, ου: *Sohn des Neleus (Nestor)* – 2 = ἐσμέν – 3 = ἐληλύθαμεν: *1. Pl. Perf. zu* ἔρχομαι – 4 = ἐάν: *hier: ob etwa* – 5 = ἐδάμη – 6 ἡ Ἀμφιτρίτη, ης: *Amphitrite, Gattin des Poseidon (verkörpert das rauschende Meer)* – 7 = αἰδεόμενος – 8 *Part. Aor. Nom. Sg. m. zu* ὑφίσταμαι *Med.: versprechen* – 9 *Postposition* – 10 *Imperativ 2. Sg. Aor. Med. zu* μιμνῄσκομαι *(+ Gen.): sich erinnern an* – 11 *Imperativ 2. Sg. Aor. zu* ἐννέπω

LERNWORTSCHATZ

τὸ κῦδος, εος	die Macht, der Ruhm	**δυσμενής, ές**	böswillig, übel gesonnen
εἴρομαι *DM*	fragen	**τὸ πέλαγος, εος**	das Meer
ἀγορεύω	reden, sagen	**τὸ κῦμα, ατος**	die Woge, die Welle
τὸ κλέος, ους	der Ruhm	**ἐλεαίρω** *(+ Akk.)*	sich erbarmen, bedauern
εὐρύς, εῖα, ύ	weit, breit	**λίσσομαι** *DM*	(er)bitten, (an)flehen
δῖος, α, ον	herrlich; göttlich	**ἐσθλός, ή, όν**	tüchtig, gut, edel
ταλασίφρων, ον	standhaft, geduldig	**ὅθι** *Adv. (rel.)*	wo
μάρναμαι *DM*	kämpfen	**τὸ πῆμα, ατος**	das Leid, das Unheil
σάφα *Adv.*	klar, eindeutig	**νημερτής, ές**	untrüglich, unfehlbar
δάμνημι, *Aor. Pass.* **(ἐ)δάμην**	zähmen, bezwingen, bändigen	**ἐν(ν)έπω**	(ver)künden, sagen

ANALYSE UND INTERPRETATION

2 Analysieren Sie Telemachs Rede, indem Sie sie in Abschnitte gliedern und seine Hauptanliegen an Nestor zusammenfassen.

3 Stellen Sie diejenigen Informationen über Odysseus zusammen, die man aus Telemachs Worten an Nestor entnehmen kann.

Telemach bei Nestor. Apulische Vase, 2. Hälfte des 4. Jahrhunderts v. Chr., Berlin, Staatliche Museen

9.1.2 Nestors Erzählungen

Nestor erzählt ausführlich von den Geschehnissen vor Troja, von seiner eigenen Heimkehr und dem Schicksal einiger anderer Helden; über Odysseus weiß Nestor aber nichts, und so empfiehlt er Telemach, noch bei Menalaos in Sparta nachzufragen.

SPRACHLICHE UND INHALTLICHE VORERSCHLIESSUNG

1 Informieren Sie sich über die unterschiedlichen Schicksale der Griechen, die nach dem Krieg gegen Troja wieder nach Hause gefahren sind (sog. Heimfahrer-Geschichten).

Odyssee 3,184–328 (gekürzt)

„Ὣς ἦλθον, φίλε τέκνον, ἀπευθής, οὐδέ τι οἶδα
185 κείνων, οἵ τ' ἐσάωθεν[1] Ἀχαιῶν οἵ τ' ἀπόλοντο.
Ὅσσα δ' ἐνὶ μεγάροισι καθήμενος ἡμετέροισι
πεύθομαι[2], ἣ θέμις ἐστί, δαήσεαι, οὐδέ σε κεύσω.
Εὖ μὲν Μυρμιδόνας[3] φάσ' ἐλθέμεν[4] ἐγχεσιμώρους,
189 οὓς ἄγ' Ἀχιλλῆος[5] μεγαθύμου φαίδιμος υἱός.[5] […]
193 Ἀτρεΐδην δὲ καὶ αὐτοὶ ἀκούετε νόσφιν ἐόντες,
ὥς τ' ἦλθ'[4] ὥς τ' Αἴγισθος ἐμήσατο λυγρὸν ὄλεθρον.
195 Ἀλλ' ἦ τοι κεῖνος μὲν ἐπισμυγερῶς ἀπέτεισεν.
Ὡς ἀγαθὸν καὶ παῖδα καταφθιμένοιο λιπέσθαι
ἀνδρός, ἐπεὶ καὶ κεῖνος ἐτείσατο πατροφονῆα,
198 Αἴγισθον δολόμητιν, ὅ οἱ πατέρα κλυτὸν ἔκτα."[6] […]
313 Καὶ σύ, φίλος, μὴ δηθὰ δόμων ἄπο[7] τῆλ' ἀλάλησο,[8]
κτήματά τε προλιπὼν ἄνδρας τ' ἐν σοῖσι δόμοισιν
315 οὕτω ὑπερφιάλους, μή[9] τοι κατὰ[10] πάντα φάγωσι[10]
κτήματα δασσάμενοι, σὺ δὲ τηϋσίην ὁδὸν ἔλθῃς.
Ἀλλ' ἐς μὲν Μενέλαον ἐγὼ κέλομαι καὶ ἄνωγα
ἐλθεῖν· κεῖνος γὰρ νέον ἄλλοθεν εἰλήλουθεν,[11]
ἐκ[12] τῶν ἀνθρώπων, ὅθεν[12] οὐκ ἔλποιτό γε θυμῷ
320 ἐλθέμεν,[4] ὅν τινα πρῶτον ἀποσφήλωσιν ἄελλαι
ἐς πέλαγος μέγα τοῖον, ὅθεν τέ περ οὐδ' οἰωνοὶ
αὐτόετες οἰχνεῦσιν, ἐπεὶ μέγα τε δεινόν τε.
Ἀλλ' ἴθι νῦν σὺν νηΐ τε σῇ καὶ σοῖσ' ἑτάροισιν·
εἰ δ' ἐθέλεις πεζός, πάρα τοι δίφρος τε καὶ ἵπποι,

ἀπευθής, ές: unkundig, ohne Nachricht

ἐγχεσίμωρος, ον: speerberühmt; *(Subst.)* der Speerkämpfer

ἐπισμυγερῶς *Adv.*: schmerzlich

καταφθίνω: verderben, töten

ὁ πατροφονεύς, ῆος: der Mörder des Vaters

δολόμητις, ιος: hinterlistig, tückisch

δηθά *Adv.*: lange (Zeit)

προλείπω: hinter sich lassen, zurücklassen

ὑπερφίαλος, ον: übermütig

τηΰσιος, η, ον: vergeblich

νέον *hier Adv.*: neulich, soeben

ἀποσφάλλω: verschlagen, abtreiben (vom Weg)

ἡ ἀέλλη, ης: der Sturmwind, der Windstoß

αὐτόετες *Adv.*: im selben Jahr

οἰχνέω: gehen; *hier:* zurückkommen

---

1 *3. Pl. Aor. Pass. zu* σαόω – 2 = πυνθάνομαι – 3 οἱ Μυρμιδόνες, ων: *die Myrmidonen (Gefolgsleute Achills)* – 4 *gemeint ist: „nach Hause"* – 5 *gemeint ist Neoptolemos* – 6 *3. Sg. Aor. zu* κτείνω – 7 *Postposition* – 8 *Imperativ 2. Sg. Perf. zu* ἀλάομαι – 9 = ἵνα μή – 10 *Tmesis* – 11 *3. Sg. Perf. zu* ἔρχομαι – 12 *„von einem Ort der Menschen, von dem"*

πὰρ δέ τοι υἷες[13] ἐμοί, οἵ τοι πομπῆες ἔσονται
ἐς Λακεδαίμονα δῖαν, ὅθι ξανθὸς Μενέλαος.
Λίσσεσθαι[14] δέ μιν αὐτός, ἵνα νημερτὲς ἐνίσπῃ·
ψεῦδος δ᾽ οὐκ ἐρέει· μάλα γὰρ πεπνυμένος ἐστίν.“

ὁ πομπεύς, ῆος: der Geleiter

πεπνυμένος, η, ον: klug, verständig

---

13 = υἱοί – 14 *imperativischer Inf.*

LERNWORTSCHATZ

σαόω	retten, (gesund) erhalten	**τῆλε** *Adv.*	fern, in der Ferne
τὸ μέγαρον, ου	die Halle; *(im Pl. oft)* der Palast	**ἀλάομαι** *DP*	umherhirren
ἡ θέμις, ιστος	die (heilige) Ordnung, die Satzung, der Brauch	**δατέομαι** *DM, Part. Aor.* **δασσάμενος**	austeilen, verteilen
ἐδάην *Aor., Fut.* **δαήσομαι**	erfahren; wissen	**κέλομαι** *DM*	auffordern, befehlen
κεύθω	verbergen, verhehlen	**ἄνωγα** *Perf.*	befehlen
μεγάθυμος, ον	hochherzig, mutig	**ἔλπομαι** *DM*	(er)hoffen, erwarten
φαίδιμος, ον	strahlend, glänzend	**τὸ πέλαγος, εος**	das Meer
νόσφι(ν) *(+ Gen.)*	getrennt von; fern (von); außer	**ὁ οἰωνός, οῦ**	der Vogel
μήδομαι *DM*	(er)sinnen, (aus)denken	**πάρ(α) = πάρεστι**	ist/sind da; steht/stehen zur Verfügung
λυγρός, ή, όν	traurig, Verderben bringend	**ὁ δίφρος, ου**	der Wagen(-kasten)
κλυτός, ή, όν	ruhmvoll, berühmt	**δῖος, α, ον**	herrlich; göttlich
ὁ δόμος, ου	das Gebäude; das Haus	**ὅθι** *Adv. (rel.)*	wo
(κατ)ἐσθίω, *Aor.* **(κατ)ἔφαγον**	(auf)essen, verzehren	**ξανθός, ή, όν**	blond, gelblich
		λίσσομαι *DM*	(er)bitten, (an)flehen
		νημερτής, ές	untrüglich, unfehlbar
		ἐν(ν)έπω, *Aor.* **ἔνισπον**	(ver)künden, sagen

ANALYSE UND INTERPRETATION

2 Nennen Sie die Informationen und Ratschläge, die Telemach von Nestor erhält. Stellen Sie Vermutungen an, warum die Erzählung von Agamemnons Schicksal so ausführlich dargelegt wird.

3 Nestor gilt aufgrund seines hohen Alters und seiner Erfahrung als die weiseste Gestalt der Troja-Sage. Inwiefern wird er bei seiner Begegnung mit Telemach diesem Image gerecht?

10 Die Irrfahrten des Odysseus

10.1 Bei den Phäaken

10.1.1 Nausikaa

Nach einem gewaltigen, von Poseidon veranlassten Seesturm wird Odysseus als Schiffbrüchiger auf die Insel der Phäaken verschlagen. Dort hört er Mädchenstimmen und spricht dann eines der Mädchen, die Königstochter Nausikaa, an.

SPRACHLICHE UND INHALTLICHE VORERSCHLIESSUNG

1 Recherchieren Sie im Internet Informationen zum Gastrecht (Xenophilie) für Fremde und Hilfsbedürftige, speziell in Bezug auf die griechische Kulturwelt.

Odyssee 6,119–197 (gekürzt)

„Ὤ μοι ἐγώ, τέων[1] αὖτε βροτῶν ἐς γαῖαν ἱκάνω;
Ἦ ῥ’ οἵ γ’ ὑβρισταί τε καὶ ἄγριοι οὐδὲ δίκαιοι,
ἦε φιλόξεινοι καί σφιν νόος ἐστὶ θεουδής;
Ὥς τέ με κουράων ἀμφήλυθε θῆλυς ἀϋτή,
Νυμφάων, αἳ ἔχουσ’ ὀρέων αἰπεινὰ κάρηνα
καὶ πηγὰς ποταμῶν καὶ πίσεα ποιήεντα·
ἦ νύ που[2] ἀνθρώπων[2] εἰμὶ σχεδὸν αὐδηέντων;
Ἀλλ’ ἄγ’ ἐγὼν αὐτὸς πειρήσομαι ἠδὲ ἴδωμαι.“ […]
148 Αὐτίκα μειλίχιον καὶ κερδαλέον φάτο μῦθον·
„Γουνοῦμαί σε, ἄνασσα· θεός νύ τις ἦ βροτός ἐσσι;
Εἰ μέν τις θεός ἐσσι, τοὶ οὐρανὸν εὐρὺν ἔχουσιν,
Ἀρτέμιδί σε ἐγώ γε, Διὸς κούρῃ μεγάλοιο,
εἶδός τε μέγεθός τε φυήν τ’ ἄγχιστα ἐΐσκω·
εἰ δέ τίς ἐσσι βροτῶν, οἳ ἐπὶ χθονὶ ναιετάουσι,
τρὶς μάκαρες μὲν σοί γε πατὴρ καὶ πότνια μήτηρ,
τρὶς μάκαρες δὲ κασίγνητοι· μάλα πού σφισι θυμὸς
αἰὲν ἐϋφροσύνῃσιν ἰαίνεται εἵνεκα σεῖο. […]
186 Τὸν δ’ αὖ Ναυσικάα λευκώλενος ἀντίον ηὔδα·
194 „[…] Ἄστυ δέ τοι δείξω, ἐρέω δέ τοι οὔνομα λαῶν·

ὤ μοι ἐγώ: „Oh, weh mir!“
ὁ ὑβριστής, οῦ: der Frevler
φιλόξεινος, ον: gastfreundlich
θεουδής, ές: gottesfürchtig
ἡ ἀϋτή, ῆς: das Geschrei
αἰπεινός, ή, όν: steil
τὸ κάρηνον, ου: derKopf, der Gipfel
τὸ πῖσος, εος: die Wiese
ποιήεις, εσσα, εν: grasreich
σχεδόν *(+ Gen.)*: nahe (bei/an)
αὐδήεις, εσσα, εν: sprechend
μειλίχιος, η, ον: versöhnlich, sanft, mild
κερδαλέος, η, ον: gewinnbringend, gewinnend
γουνόομαι *DM*: kniefällig anflehen
ἡ φυή, ῆς: der Wuchs
ἄγχιστα *Adv.*: am ehesten
ἐΐσκω *(+ Dat.)*: vergleichen mit
ἡ ἐϋφροσύνη, ης: der Frohsinn, das Vergnügen
ἰαίνω: erwärmen, erfreuen

1 = τίνων *(interr.)* – 2 *„wo in aller Welt“*

Φαίηκες[3] μὲν τήνδε πόλιν καὶ γαῖαν ἔχουσιν,
εἰμὶ δ' ἐγὼ θυγάτηρ μεγαλήτορος Ἀλκινόοιο,
τοῦ δ' ἐκ[4] Φαιήκων ἔχεται κάρτος[5] τε βίη τε."

ἔχομαι ἐκ *(+ Gen.)*: sich ableiten von

3 οἱ Φαίηκες ων: *die Phäaken* – 4 *Postposition* – 5 = κράτος

LERNWORTSCHATZ

βροτός, ή, όν	sterblich	**ὁ κασίγνητος, ου**	der Bruder; *(Pl.)* die Geschwister
ἱκάνω	(an)kommen	**λευκώλενος, ον**	weißarmig
ἡ κούρη *oder* **κόρη, ης**	das Mädchen	**ἀντίον** *Adv.*	dagegen, gegenüber
ἡ νύμφη, ης	die junge Frau; die Nymphe	**(προσ)αὐδάω**	anreden, (an)sprechen
ἡ ἄνασσα, ης	die Herrin, die Gebieterin	**ὁ φώς, φωτός**	der Mann, der Held
εὐρύς, εῖα, ύ	weit, breit	**ὁ ὄλβος, ου**	das Glück, der Segen
ἡ χθών, χθονός	die Erde, das Land	**ἐσθλός, ή, όν**	tüchtig, gut, edel
ναίω *oder* **ναιετάω**	(be)wohnen	**ὁ λαός, οῦ**	das (Kriegs-)Volk; das Heer; *(Pl.)* die Leute
τρίς *Adv.*	dreimal	**μεγαλήτωρ, ορος**	großherzig, mutig, stolz
πότνια *f. Nom./Vok.*	mächtig; *(Subst.)* die Herrin		

ANALYSE UND INTERPRETATION

2 Beschreiben Sie die Stimmung und seelische Verfassung, in der sich Odysseus befindet, indem Sie die wesentlichen Begriffe zusammenstellen.

3 Analysieren Sie Odysseus' Rede vor Nausikaa in rhetorischer Hinsicht. Notieren Sie seine Argumente, die zu einer wohlwollenden Haltung der Angeredeten führen sollen, und stellen Sie fest, ob und inwiefern seine Redestrategie Erfolg hat.

Nausikaa. Gemälde von René Ménard, um 1900, Bayeux, Musée d'Art et d'Histoire Baron-Gérard

10.2 Bei den Kyklopen

Am Königshof der Phäaken gibt Odysseus den Gastgebern schließlich seine wahre Identität preis und beginnt auf allgemeines Bitten hin, seine Abenteuer zu erzählen.

10.2.1 In der Höhle des Polyphem

Nach mehreren gefährlichen Erlebnissen landet Odysseus mit seinen Gefährten auf einer unbekannten Insel. Auf der Suche nach Essen finden sie in einer Höhle Nahrungsmittel, an denen sie sich ungeniert bedienen. Da kehrt der Besitzer der Höhle unvermutet zurück.

SPRACHLICHE UND INHALTLICHE VORERSCHLIESSUNG

1 Recherchieren Sie den Begriff „Zyklop“ bzw. „zyklopisch“ und die Gestalt des Polyphem.

2 Überlegen Sie, wie und wodurch eine freudige Erwartungshaltung plötzlich ins Gegenteil umschlagen kann und wie sich das menschliche Verhalten in der Gruppe dabei ändern kann.

Odyssee 9,250–298 (gekürzt)

Αὐτὰρ ἐπεὶ δὴ σπεῦσε πονησάμενος τὰ ἃ ἔργα,
καὶ τότε πῦρ ἀνέκαιε καὶ εἴσιδεν, εἴρετο δ᾽ ἡμέας·
„Ὦ ξεῖνοι, τίνες ἐστέ; Πόθεν πλεῖθ᾽[1] ὑγρὰ κέλευθα;
Ἦ τι κατὰ πρῆξιν ἦ μαψιδίως ἀλάλησθε[2]
οἷά τε ληϊστῆρες ὑπεὶρ[3] ἅλα, τοί τ᾽ ἀλόωνται[4]
ψυχὰς παρθέμενοι,[5] κακὸν ἀλλοδαποῖσι φέροντες;“
Ὣς ἔφαθ᾽, ἡμῖν δ᾽ αὖτε κατεκλάσθη φίλον ἦτορ,
δεισάντων φθόγγον τε βαρὺν αὐτόν τε πέλωρον.
Ἀλλὰ καὶ ὥς μιν ἔπεσσιν ἀμειβόμενος προσέειπον·
„Ἡμεῖς τοι Τροίηθεν ἀποπλαγχθέντες Ἀχαιοὶ
παντοίοισ᾽ ἀνέμοισιν ὑπὲρ μέγα λαῖτμα θαλάσσης,
οἴκαδε ἱέμενοι, ἄλλην ὁδὸν ἄλλα κέλευθα
ἤλθομεν· οὕτω που Ζεὺς ἤθελε μητίσασθαι.
Λαοὶ δ᾽ Ἀτρεΐδεω Ἀγαμέμνονος εὐχόμεθ᾽ εἶναι,
τοῦ δὴ νῦν γε μέγιστον ὑπουράνιον κλέος ἐστί·
τόσσην γὰρ διέπερσε πόλιν καὶ ἀπώλεσε λαοὺς
πολλούς. Ἡμεῖς δ᾽αὖτε κιχανόμενοι τὰ σὰ γοῦνα[6]
ἱκόμεθ᾽, εἴ τι[7] πόροις ξεινήϊον ἠὲ καὶ ἄλλως
δοίης δωτίνην, ἥ τε ξείνων θέμις ἐστίν.
Ἀλλ᾽ αἰδεῖο,[8] φέριστε, θεούς· ἱκέται δέ τοί εἰμεν.[9]

σπεύδω + *präd. Part.*: eilig etw. tun
ἡ πρῆξις, ιος: das Geschäft, die Angelegenheit
μαψιδίως *Adv.*: zwecklos, ziellos
ὁ ληϊστήρ, ῆρος: der Pirat, der (See-)Räuber
παρατίθεμαι *Med.*: aufs Spiel setzen, riskieren
ἀλλοδαπός, ή, όν: von anderswoher stammend, fremd
κατακλάω, κατεκλάσθην: zerbrechen
πέλωρος, η, ον: gewaltig, riesig
τὸ λαῖτμα, ατος: die (Meeres-)Woge
ἵεμαι *Med.*: begehren, verlangen
μητίομαι *DM*: ersinnen, planen
εὔχομαι *DM*: *hier:* sich rühmen
ὑπουράνιος, ον: unter dem Himmel
ἡ δωτίνη, ης: die Gabe

1 = πλεῖτε: *2. Pl. zu* πλέω; *hier transitiv: (mit dem Schiff) befahren* – 2 *2. Pl. Perf. zu* ἀλάομαι *DP* – 3 = ὑπέρ – 4 = ἀλάωνται – 5 = παραθέμενοι – 6 = γόνατα – 7 *ob etwa* – 8 = αἰδοῦ – 9 = ἐσμέν

Ζεὺς δ᾽ ἐπιτιμήτωρ ἱκετάων τε ξείνων τε,
ξείνιος, ὃς ξείνοισιν ἅμ᾽ αἰδοίοισιν ὀπηδεῖ.“ [...]
Ὣς ἐφάμην, ὁ δέ μ᾽ οὐδὲν ἀμείβετο νηλέϊ θυμῷ,
ἀλλ᾽ ὅ γ᾽ ἀναΐξας ἑτάροισ᾽ ἐπὶ[10] χεῖρας ἴαλλε,[10]
σὺν[10] δὲ δύω μάρψας[10] ὥς τε σκύλακας ποτὶ γαίῃ
κόπτ᾽· ἐκ δ᾽ ἐγκέφαλος χαμάδις ῥέε, δεῦε δὲ γαῖαν.
Τοὺς δὲ διὰ[10] μελεϊστὶ ταμὼν[10] ὁπλίσσατο δόρπον·
ἤσθιε δ᾽ ὥς τε λέων ὀρεσίτροφος, οὐδ᾽ ἀπέλειπεν,
ἔγκατά τε σάρκας τε καὶ ὀστέα μυελόεντα.
Ἡμεῖς δὲ κλαίοντες ἀνεσχέθομεν[11] Διὶ χεῖρας,
σχέτλια ἔργ᾽ ὁρόωντες·[12] ἀμηχανίη δ᾽ ἔχε θυμόν.
Αὐτὰρ ἐπεὶ Κύκλωψ μεγάλην ἐμπλήσατο νηδὺν
ἀνδρόμεα κρέ᾽ ἔδων[13] καὶ ἐπ᾽[10] ἄκρητον γάλα πίνων,[10]
κεῖτ᾽ ἔντοσθ᾽[14] ἄντροιο τανυσσάμενος διὰ μήλων.

ὁ ἐπιτιμήτωρ, ορος: der Rächer
ὀπηδέω: geleiten, beistehen
ἀναΐσσω: aufspringen
ἐπιάλλω *(+ Dat.)*: ausstrecken nach
συμμάρπτω: ergreifen, packen
ὁ/ἡ σκύλαξ, ακος: der junge Hund
κόπτω: aufschlagen, schmettern
χαμάδις *Adv.*: zur Erde
δεύω: nass machen, benetzen
μελεϊστί *Adv.*: Glied für Glied
ὁπλίζομαι *Med.*: *hier:* zubereiten
ὀρεσίτροφος, ον: in den Bergen lebend
τὰ ἔγκατα, ων *(Pl.)*: die Eingeweide
μυελόεις, εσσα, εν: markhaltig
ἡ ἀμηχανίη, ης: die Hilflosigkeit, die Ohnmacht
ἡ νηδύς, ύος: der Bauch
ἀνδρόμεος, ον: menschlich
ἄκρητος, ον: ungemischt, rein
ἐπιπίνω: danach trinken

10 *Tmesis* – 11 = ἀνέσχομεν – 12 = ὁράοντες – 13 = ἐσθίων – 14 = ἐντός

LERNWORTSCHATZ

εἴρομαι *DM*	fragen
ἡ κέλευθος, ου, *Pl.* **οι** *oder* **α**	der Pfad, der Weg
ἀλάομαι *DP*	umherhirren
αὖτε *Adv.*	jedoch, aber, indes
τὸ ἦτορ, ορος	das Herz; der Mut
ὁ φθόγγος, ου	die Stimme, der Laut
πλάζομαι *Pass., Aor.* **ἐπλάγχθην**	umherirren, verschlagen werden
ὁ λαός, οῦ	das (Kriegs-)Volk; das Heer; *(Pl.)* die Leute
τὸ κλέος, ους	der Ruhm; die Kunde
(δια)πέρθω, *Aor.* **(δι)έπερσα**	ganz zerstören, verwüsten
κιχάνω	erreichen, antreffen
ἱκνέομαι *DM (+ Akk.)*	(hin)kommen (zu, auf)
πορίζω, *Aor.* **ἔπορον**	zustande bringen; verleihen, verabreichen
τὸ ξεινήϊον, ου *oder* **τὸ ξείνιον, ου**	das Gastgeschenk, die Bewirtung
ἡ θέμις, ιστος	die (heilige) Ordnung, die Satzung, der Brauch
φέριστος, η, ον *(Sup.)*	der stärkste, der beste
αἰδοῖος, η, ον	ehrwürdig; bescheiden
νηλ(ε)ής, ές	erbarmungslos
ὁ ἐγκέφαλος, ου	das Gehirn
τὸ δόρπον, ου	das (Abend-)Essen
ἀνέχω	empor-, hochhalten
σχέτλιος, η, ον	schrecklich, verwegen
ἐμπίμπλημι	anfüllen
ἐσθίω, *Fut.* **ἔδομαι**	(auf)essen, fressen
τὸ κρέας, κρέως	das Fleisch
τὸ γάλα, ακτος	die Milch
τὰ μῆλα, ων	das Kleinvieh; die Schafe
τὸ ἄντρον, ου	die Höhle, die Grotte
τανύω	ausstrecken

ANALYSE UND INTERPRETATION

3 Analysieren Sie Odysseus' Begrüßungsworte an Polyphem hinsichtlich seines Wunsches, bei diesem gastlich aufgenommen zu werden.

4 Die Polyphem-Szene gilt als negatives Gegenbild zu der bei den Griechen üblichen und hochgehalten Gastfreundlichkeit Fremden gegenüber (Xenophilie). Skizzieren Sie mit den wichtigsten Zitaten aus der ersten Polyphem-Odysseus-Begegnung (Verse 250–271), wie die gleich darauf folgende Horrorszene sprachlich-atmosphärisch vorbereitet wird.

10.2.2 Polyphem wird ausgetrickst

Da Polyphem seine Höhle mit einem Felsen verschlossen hat, muss Odysseus einen neuen Plan zur Flucht entwickeln. Der mitgebrachte Wein wird zur Rettungsidee.

SPRACHLICHE UND INHALTLICHE VORERSCHLIESSUNG

1 Überlegen Sie, welche Gefährdung von einem unter Alkoholeinfluss stehenden und körperlich überlegenen Menschen ausgehen kann. Diskutieren Sie, mit welchen Methoden eine koordiniert agierende Gruppe dem begegnen könnte.

Odyssee 9,362–414 (gekürzt)

Αὐτὰρ ἐπεὶ Κύκλωπα περὶ φρένας ἤλυθεν[1] οἶνος,
καὶ τότε δή μιν ἔπεσσι προσηύδων[2] μειλιχίοισι·
„Κύκλωψ, εἰρωτᾷς μ᾽ ὄνομα κλυτόν; Αὐτὰρ ἐγώ τοι
ἐξερέω· σὺ δέ μοι δὸς ξείνιον, ὥς περ ὑπέστης.[3]
Οὖτις ἐμοί γ᾽ ὄνομα· Οὖτιν δέ με κικλήσκουσι
μήτηρ ἠδὲ πατὴρ ἠδ᾽ ἄλλοι πάντες ἑταῖροι.“
Ὣς ἐφάμην, ὁ δέ μ᾽ αὐτίκ᾽ ἀμείβετο νηλέϊ θυμῷ·
„Οὖτιν ἐγὼ πύματον ἔδομαι μετὰ οἷσ᾽ ἑτάροισι,
τοὺς δ᾽ ἄλλους πρόσθεν· τὸ δέ τοι ξεινήϊον ἔσται.“
Ἦ καὶ ἀνακλινθεὶς πέσεν ὕπτιος, αὐτὰρ ἔπειτα
κεῖτ᾽ ἀποδοχμώσας παχὺν αὐχένα, κὰδ[4] δέ μιν ὕπνος
ᾕρει[2] πανδαμάτωρ· φάρυγος δ᾽ ἐξέσσυτο οἶνος
ψωμοί τ᾽ ἀνδρόμεοι· ὁ δ᾽ ἐρεύγετο οἰνοβαρείων. […]
Οἱ μὲν μοχλὸν ἑλόντες ἐλάϊνον, ὀξὺν ἐπ᾽ ἄκρῳ,
ὀφθαλμῷ ἐνέρεισαν· ἐγὼ δ᾽ ἐφύπερθεν ἐρεισθεὶς
δίνεον, ὡς ὅτε τις τρυπᾷ δόρυ νήϊον ἀνὴρ
τρυπάνῳ, οἱ δέ τ᾽ ἔνερθεν ὑποσσείουσιν ἱμάντι
ἁψάμενοι ἑκάτερθε, τὸ δὲ τρέχει ἐμμενὲς αἰεί·
ὣς τοῦ ἐν ὀφθαλμῷ πυριήκεα μοχλὸν ἑλόντες
δινέομεν, τὸν δ᾽ αἷμα περίρρεε θερμὸν ἐόντα.
Πάντα δέ οἱ βλέφαρ᾽ ἀμφὶ[5] καὶ ὀφρύας εὗσεν ἀϋτμὴ
γλήνης καιομένης· σφαραγεῦντο[6] δέ οἱ πυρὶ ῥίζαι.[7] […]

μειλίχιος, η, ον: sanft, mild
κικλήσκω: rufen, nennen
πύματος, η, ον *(Sup.)*: der letzte
ἀνακλίνω: zurücklehnen
ὕπτιος, η, ον: rücklings
ἀποδοχμόω: zur Seite neigen
πανδαμάτωρ, ορος: alles bezwingend
ἡ φάρυ(γ)ξ, υγος: die Kehle
ἐκσεύομαι *DM, Aor. 3. Sg.* **ἐξέσσυτο**: herausstürzen
ὁ ψωμός, οῦ: der Brocken
ἀνδρόμεος, ον: menschlich
ἐρεύγομαι *DM*: sich erbrechen
οἰνοβαρείων: weinbetrunken
ὁ μοχλός, οῦ: der Pfahl
ἐλάϊνος, η, ον: aus Olivenholz
ἐφύπερθεν *Adv.*: von oben her
δινέω: (im Kreis) drehen
τρυπάω: an-, durchbohren
νήϊος, η, ον: Schiffs-
τὸ τρύπανον, ου: der Bohrer
ὑποσσείω: von unten herumdrehen
ὁ ἱμάς, άντος: der Riemen
ἑκάτερθε *Adv.*: von beiden Seiten
ἐμμενές *Adv.*: beharrlich
πυριήκης, ες: mit glühender Spitze
ἡ ὀφρύς, ύος: die (Augen-)Braue
εὕω: (ver)sengen
ἡ ἀϋτμή, ῆς: die (Feuers-)Glut
ἡ γλήνη, ης: der Augapfel
σφαραγέομαι *DM*: zischen

1 = ἦλθεν – 2 *Odysseus spricht hier in der Ich-Form* – 3 *2. Sg. Aor. zu* ὑφίσταμαι: *versprechen* – 4 = καθῄρει – 5 *Postposition* – 6 = σφαραγοῦντο – 7 *„Wurzeln“, gemeint ist das Augeninnere*

Die Blendung des Polyphem. Moderne Umzeichnung der schwarzfigurigen Malerei auf einer attischen Vase, 5./4. Jh. v. Chr., Paris, Musée du Louvre

Τὸν[8] μὲν ἔπειτ᾽ ἔρριψεν ἀπὸ ἕο χερσὶν ἀλύων,
αὐτὰρ ὁ Κύκλωπας μεγάλ᾽ ἤπυεν, οἵ ῥά μιν ἀμφὶς[5]
ᾤκεον ἐν σπήεσσι δι᾽ ἄκριας ἠνεμοέσσας.
Οἱ δὲ βοῆς ἀΐοντες ἐφοίτων ἄλλοθεν ἄλλος,
ἱστάμενοι δ᾽ εἴροντο περὶ σπέος, ὅττι ἑ κήδοι·
„Τίπτε τόσον,[9] Πολύφημ᾽, ἀρημένος[9] ὧδ᾽ ἐβόησας
νύκτα δι᾽ ἀμβροσίην καὶ ἀΰπνους ἄμμε[10] τίθησθα;[11]
Ἦ μή[12] τίς σευ μῆλα βροτῶν ἀέκοντος ἐλαύνει;
Ἦ μή τίς σ᾽ αὐτὸν κτείνει δόλῳ ἠὲ βίηφι;“
Τοὺς δ᾽ αὖτ᾽ ἐξ ἄντρου προσέφη κρατερὸς Πολύφημος·
„Ὦ φίλοι, Οὖτίς με κτείνει δόλῳ οὐδὲ βίηφιν.“
Οἱ δ᾽ ἀπαμειβόμενοι ἔπεα πτερόεντ᾽ ἀγόρευον·
„Εἰ μὲν δὴ μή τίς σε βιάζεται οἶον ἐόντα,
νοῦσόν γ᾽ οὔ πως ἔστι[13] Διὸς μεγάλου ἀλέασθαι,
ἀλλὰ σύ γ᾽ εὔχεο πατρὶ Ποσειδάωνι ἄνακτι.“
Ὣς ἄρ᾽ ἔφαν[14] ἀπιόντες, ἐμὸν δ᾽ ἐγέλασσε φίλον κῆρ,
ὡς ὄνομ᾽ ἐξαπάτησεν ἐμὸν καὶ μῆτις ἀμύμων.

ἀλύω: wüten, jammern
μεγάλα *hier Adv.*: laut
ἠπύω: laut rufen, brüllen
ἡ ἄκρις, ιος, *Akk. Pl.* **ἄκριας**: die Bergspitze, die Klippe
ἠνεμόεις, εσσα, εν: windig
κήδω: bekümmern
ἄϋπνος, ον: schlaflos
ἀέκων, ουσα, ον: widerwillig, gegen den Willen
ἡ βίη, ης, *Instrumentalis* **βίηφι(ν)**: die Gewalt
ἀλέομαι *DM, Inf. Aor.*: ἀλέασθαι ausweichen, entgehen

---

8 gemeint ist μοχλόν *(V. 387) – 9 Part. coni.: „so sehr betroffen“ –* 10 = ἡμᾶς – 11 = τίθης – 12 = ἆρα μή *(Fragepartikel): etwa – 13 hier =* ἔξεστι – 14 ἔφασαν: *3. Pl. Imperf. zu* φημί

LERNWORTSCHATZ

(προσ)αὐδάω	anreden, (an)sprechen	**εἴρομαι** *DM*	fragen
κλυτός, ή, όν	ruhmvoll, berühmt	**τίπτε** *(interr.)*	was / warum denn?
τὸ ξεινήϊον, ου *oder* **τὸ ξείνιον, ου**	das Gastgeschenk, die Bewirtung	**ἀμβρόσιος, η, ον** *oder* **ἄμβροτος, ον**	unsterblich, göttlich
οὖτις, *Akk.* **ιν**	keiner, niemand	**τὰ μῆλα, ων**	das Kleinvieh; die Schafe
νηλ(ε)ής, ές	erbarmungslos	**βροτός, ή, όν**	sterblich
ἐσθίω, *Fut.* **ἔδομαι**	(auf)essen, fressen	**τὸ ἄντρον, ου**	die Höhle, die Grotte
ἦ *(Imperf.)*	sagte (er/sie), sprach's	**κρατερός, ή, όν**	kräftig; gewalttätig
παχύς, εῖα, ύ	dick, kräftig	**πτερόεις, εσσα, εν**	gefiedert, geflügelt
(ἐν)ἐρείδω	(ab)stützen, stemmen	**ἀγορεύω**	reden, sagen
ἔνερθε(ν) *Adv.*	von unten	**οἶος, η, ον**	einzig, alleine, nur
τὸ βλέφαρον, ου	das Augenlid; das Auge	**ὁ ἄναξ, ακτος**	der Herrscher
ῥίπτω, *Aor.* **ἔρριψα**	werfen, schleudern	**τὸ κῆρ, κηρός**	das Herz
ἀΐω *(+ Gen.)*	wahrnehmen; hören	**ἡ μῆτις, ιος**	die Klugheit; der Plan
τὸ σπέος, ους, *Dat. Pl.* **σπήεσσι**	die Höhle, die Grotte	**ἀμύμων, ονος**	untadelig; edel, trefflich

ANALYSE UND INTERPRETATION

2 Nennen Sie die verschiedenen Handlungsschritte in Odysseus' Rettungsidee. Erläutern Sie dann, wie durch das Zusammenspiel von mentaler Stärke und physischer Kraft, andererseits aber auch durch das Zusammenwirken einer Führungsfigur mit der Gruppe (Teamwork, Mannschaftsstärke) scheinbar aussichtslose Situationen bewältigt werden können.

3 Zeigen Sie anhand der relevanten Originalzitate, mit welcher sprachlichen Raffinesse der Dichter das Bild vom „listenreichen Odysseus" (πολύμητις Ὀδυσσεύς) ausgestaltet (vgl. bes. die Wörter οὖτις und μή τις/μῆτις)

4 Die Blendungsszene gehört zu den bekanntesten Episoden der Odyssee. Das liegt an der Brutalität, aber auch an der detailreichen Beschreibung des Geschehens, welches der Dichter zusätzlich mit einem speziellen Gleichnis aus der Erfahrungswelt seiner Zeit versehen hat. Stellen Sie dieses Gleichnisbild dem realen Vorgang gegenüber und nennen Sie das Ihrer Meinung nach drastischste Bildelement im Vergleich.

5 Die Polyphem-Episode wird oft als literarischer Reflex auf das kulturgeschichtliche Faktum des Aufeinandertreffens von zivilisiertem Griechentum und barbarischer Wildheit gedeutet. Zeigen Sie anhand der beiden Protagonisten Odysseus und Polyphem, inwiefern diese Sichtweise aus dem Homer-Text gestützt werden kann.

Odysseus und Polyphem. Gemälde von Alexandre-Gabriel Decamps, 1855, Rouen, Musée des Beaux-Arts

6 Beschreiben Sie die Details der Vasenmalerei auf S. 61.

7 Stellen Sie die wesentlichen Unterschiede zur literarischen Version des Textes zusammen.

8 Beschreiben Sie das Gemälde von Decamps und recherchieren Sie in einer Übersetzung der Odyssee, auf welche Verse es Bezug nimmt.

10.3 Bei der Zauberin Kirke

Nach verlustreichen Erlebnissen auf der Insel des Windgottes Aiolos und bei den menschenfressenden Laistrygonen landet Odysseus mit dem einzigen verbliebenen Schiff auf Aiaia, der Insel Kirkes. Unter Eurylochos' Führung werden 22 Gefährten zur Erkundung ausgeschickt.

10.3.1 Kirkes Palast wird erkundet

SPRACHLICHE UND INHALTLICHE VORERSCHLIESSUNG

1 Informieren Sie sich über Herkunft und Bedeutung des deutschen Verbs „bezirzen". Sammeln Sie Beispiele dafür, in welchem Zusammenhang es gebraucht werden kann.

Odyssee 10,210–229

Εὗρον δ' ἐν βήσσῃσι τετυγμένα[1] δώματα Κίρκης
ξεστοῖσιν λάεσσι, περισκέπτῳ ἐνὶ χώρῳ.
Ἀμφὶ δέ μιν λύκοι ἦσαν ὀρέστεροι ἠδὲ λέοντες,
τοὺς αὐτὴ κατέθελξεν, ἐπεὶ κακὰ φάρμακ' ἔδωκεν.
Οὐδ' οἵ γ' ὡρμήθησαν ἐπ' ἀνδράσιν, ἀλλ' ἄρα τοί γε
οὐρῇσιν μακρῇσι περισσαίνοντες ἀνέσταν.[2]
Ὡς δ' ὅτ' ἂν ἀμφὶ ἄνακτα κύνες δαίτηθεν ἰόντα
σαίνωσ' – αἰεὶ γάρ τε φέρει μειλίγματα θυμοῦ –
ὣς τοὺς ἀμφὶ[3] λύκοι κρατερώνυχες ἠδὲ λέοντες
σαῖνον· τοὶ δ' ἔδδεισαν, ἐπεὶ ἴδον αἰνὰ πέλωρα.
Ἔσταν[4] δ' ἐν προθύροισι θεᾶς καλλιπλοκάμοιο,
Κίρκης[5] δ' ἔνδον ἄκουον ἀειδούσης[5] ὀπὶ καλῇ
ἱστὸν[6] ἐποιχομένης[6] μέγαν ἄμβροτον, οἷα θεάων
λεπτά τε καὶ χαρίεντα καὶ ἀγλαὰ ἔργα πέλονται.
Τοῖσι δὲ μύθων ἦρχε Πολίτης, ὄρχαμος ἀνδρῶν,
ὅς μοι κήδιστος ἑτάρων ἦν κεδνότατός τε·
„Ὦ φίλοι, ἔνδον γάρ τις ἐποιχομένη μέγαν ἱστὸν
καλὸν ἀοιδιάει, δάπεδον δ' ἅπαν ἀμφιμέμυκεν,[7]
ἢ θεὸς ἠὲ γυνή· ἀλλὰ φθεγγώμεθα θᾶσσον."
Ὣς ἄρ' ἐφώνησεν, τοὶ δ' ἐφθέγγοντο καλεῦντες.[8]

ἡ βῆσσα, ης: die Waldschlucht
ξεστός, ή, όν: behauen; geglättet, poliert
περίσκεπτος, ον: schattig
ὀρέστερος, η, ον: Berg-
καταθέλγω: verzaubern
(περι)(σ)σαίνω: (um)wedeln
δαίτηθεν *Adv.*: vom Mahl, vom Essen
τὸ μείλιγμα, ατος: der Leckerbissen
κρατερῶνυξ, υχος: mit scharfen Krallen
τὸ πέλωρον, ου: das Ungeheuer
ὁ ὄρχαμος, ου: der Gebieter, der Anführer
κήδιστος, η, ον *(Sup.)*: teuerster, liebster
κεδνός, ή, όν: sorgsam, treu
ἀοιδιάω: singen
φθέγγομαι *DM: hier:* sich bemerkbar machen

1 *Part. Perf. Pass. zu* τεύχω – 2 = ἀνέστησαν – 3 *Postposition* – 4 = ἕστησαν – 5 Κίρκης … ἀειδούσης: *Objekt zu* ἄκουον – 6 ἱστὸν ἐποίχομαι *DM: am Webstuhl hin- und hergehen, den Webstuhl bedienen* – 7 *3. Sg. Perf. zu* ἀμφιμυκάομαι *DM: ringsum widerhallen* – 8 = καλέοντες

LERNWORTSCHATZ

τεύχω	(zu)bereiten, anfertigen	**ἀμβρόσιος, η, ον** *oder* **ἄμβροτος, ον**	unsterblich, göttlich
τὸ δῶμα, ατος	das Haus; der Palast	**χαρίεις, εσσα, εν**	anmutig, reizvoll
ὁ λᾶας, λᾶος	der Stein	**ἀγλαός, ή, όν**	strahlend, herrlich
ἡ οὐρή, ῆς	der Schwanz	**πέλομαι** *DM*	sich entwickeln, werden; sich aufhalten, sein
αἰνός, ή, όν	schrecklich; *Adv.*: sehr	**φωνέω**	(laut) rufen; ansprechen
τὸ πρόθυρον, ου	die Vorhalle	**τὸ δάπεδον, ου**	der (Haus-)Boden, der Hausflur
καλλιπλόκαμος, ον	schönlockig		
ἡ ὄψ, ὀπός	die Stimme		
ὁ ἱστός, οῦ	der Webstuhl		

ANALYSE UND INTERPRETATION

2 Arbeiten Sie die griechischen Begriffe heraus, mit denen die Annäherung an das Haus der Kirke zu einer spannenden Szenerie ausgestaltet wird.

3 Analysieren Sie das hier verwendete homerische Gleichnis, indem Sie Bild und Wirklichkeit nebeneinanderstellen und den Vergleichspunkt benennen.

4 Nennen Sie die Begriffe, mit denen Kirke bei ihrem ersten „Auftritt" in der Odyssee (Verse 220–223) beschrieben wird. Erläutern Sie, welcher Eindruck bzw. welche Atmosphäre innerhalb der Erzählung hier entsteht.

10.3.2 Odysseus besucht Kirke

Nachdem Kirke alle Gefährten bis auf Eurylochos durch ihren Zaubertrank in Schweine verwandelt hat, kehrt dieser als Einziger zurück und berichtet von dem Unglück. Daraufhin macht sich Odysseus auf, die Gefährten zu befreien. Unterwegs erscheint ihm Hermes und überreicht ihm das Zauberkraut μῶλυ als Gegenmittel gegen Kirkes Trank. Mit Hermes' Hilfe macht er sich an sein schwieriges Unterfangen.

SPRACHLICHE UND INHALTLICHE VORERSCHLIESSUNG

1 Sammeln Sie Material zu Bedeutung und Verwendung der geläufigen Redewendung „mit den Waffen einer Frau".

2 Informieren Sie sich über die Bedeutung und den ethischen Wert von Schwur und Eidversprechen in der Kultur des Alten Orients und der griechisch-römischen Antike.

Odyssee 10,312–347

Ἡ δ' αἶψ' ἐξελθοῦσα θύρας ὤϊξε[1] φαεινὰς
καὶ κάλει· αὐτὰρ ἐγὼν ἑπόμην ἀκαχήμενος[2] ἦτορ.
Εἷσε[3] δέ μ' εἰσαγαγοῦσα ἐπὶ θρόνου ἀργυροήλου,
καλοῦ δαιδαλέου· ὑπὸ δὲ θρῆνυς ποσὶν ἦεν·
τεῦχε δέ μοι κυκεῶ χρυσέῳ δέπᾳ, ὄφρα πίοιμι,
ἐν δέ τε φάρμακον ἧκε, κακὰ φρονέουσ' ἐνὶ θυμῷ.
Αὐτὰρ ἐπεὶ δῶκέν τε καὶ ἔκπιον οὐδέ μ' ἔθελξε,

ἀργυρόηλος, ον: mit Silbernägeln beschlagen

ὁ θρῆνυς, υος: der Schemel

ὁ κυκεών, *Akk.* **κυκεῶ**: der (Misch-)Trank

θέλγω: verzaubern

1 *3. Sg. Aor. zu* (ἀν)οἴγω – 2 *Part. Perf. Pass. zu* ἀκαχίζω – 3 *3. Sg. Aor. zu* ἕζω: *Platz nehmen lassen*

ῥάβδῳ πεπληγυῖα[4] ἔπος τ᾽ ἔφατ᾽ ἔκ[5] τ᾽ ὀνόμαζεν[5]·
„Ἔρχεο νῦν συφεόνδε, μετ᾽ ἄλλων λέξο[6] ἑταίρων.“
Ὣς φάτ᾽, ἐγὼ δ᾽ ἄορ ὀξὺ ἐρυσσάμενος παρὰ μηροῦ
Κίρκῃ ἐπήϊξα ὥς τε κτάμεναι[7] μενεαίνων.
Ἡ δὲ μέγα ἰάχουσα ὑπέδραμε καὶ λάβε γούνων[8]
καί μ᾽ ὀλοφυρομένη ἔπεα πτερόεντα προσηύδα·
„Τίς πόθεν εἰς[9] ἀνδρῶν; Πόθι[10] τοι πόλις ἠδὲ τοκῆες;
Θαῦμά μ᾽ ἔχει, ὡς οὔ τι πιὼν τάδε φάρμακ᾽ ἐθέλχθης.
Οὐδὲ γὰρ οὐδέ τις ἄλλος ἀνὴρ τάδε φάρμακ᾽ ἀνέτλη,
ὅς κε πίῃ καὶ πρῶτον ἀμείψεται[11] ἕρκος ὀδόντων·
σοὶ δέ τις ἐν στήθεσσιν ἀκήλητος νόος ἐστίν.
Ἦ σύ γ᾽ Ὀδυσσεύς ἐσσι πολύτροπος, ὅν τέ μοι αἰεὶ
φάσκεν ἐλεύσεσθαι χρυσόρραπις Ἀργεϊφόντης,
ἐκ Τροίης ἀνιόντα θοῇ σὺν νηῒ μελαίνῃ.
Ἀλλ᾽ ἄγε δὴ κολεῷ μὲν ἄορ θέο, νῶι δ᾽ ἔπειτα
εὐνῆς ἡμετέρης ἐπιβήομεν,[11] ὄφρα μιγέντε[12]
εὐνῇ καὶ φιλότητι πεποίθομεν[11] ἀλλήλοισιν.“
Ὣς ἔφατ᾽, αὐτὰρ ἐγώ μιν ἀμειβόμενος προσέειπον·
„Ὦ Κίρκη, πῶς γάρ με κέλῃ σοὶ ἤπιον εἶναι,
ἥ μοι σῦς μὲν ἔθηκας ἐνὶ μεγάροισιν ἑταίρους,
αὐτὸν δ᾽ ἐνθάδ᾽ ἔχουσα δολοφρονέουσα κελεύεις
ἐς θάλαμόν τ᾽ ἰέναι καὶ σῆς ἐπιβήμεναι εὐνῆς,
ὄφρα με γυμνωθέντα κακὸν καὶ ἀνήνορα θήῃς.[13]
Οὐδ᾽ ἂν ἐγώ γ᾽ ἐθέλοιμι τεῆς ἐπιβήμεναι εὐνῆς,
εἰ μή μοι τλαίης[14] γε, θεά, μέγαν ὅρκον ὀμόσσαι,
μή τί μοι αὐτῷ πῆμα κακὸν βουλευσέμεν[15] ἄλλο.“
Ὣς ἐφάμην, ἡ δ᾽ αὐτίκ᾽ ἀπώμνυεν, ὡς ἐκέλευον.
Αὐτὰρ ἐπεί ῥ᾽ ὄμοσέν τε τελεύτησέν τε τὸν ὅρκον,
καὶ τότ᾽ ἐγὼ Κίρκης ἐπέβην περικαλλέος εὐνῆς.

ὁ συφε(ι)ός, οῦ: der Schweinestall
τὸ ἄορ, ορος: das Schwert
ἐπαΐσσω *(+ Dat.)*: losstürzen auf
ἀνέτλην *(Aor.)*: ich ertrug
ἀμείβομαι *DM*: hinüberwechseln
ἀκήλητος, ον: nicht zu verzaubern
χρυσόρραπις, ιος *m.*: mit goldenem Stab
ὁ κωλεός, οῦ: die Schwertscheide
μείγνυμαι *Med.*: *hier*: sich vereinen, sexuell verkehren
πείθομαι *Med., Perf.* **πέποιθα**: vertrauen, Vertrauen haben
ἤπιος, (η,) ον: freundlich, gütig, mild
δολοφρονέω: Listen ersinnen
γυμνόω: ausziehen, entblößen
ἀνήνωρ, ορος: entmannt, unmännlich
περικαλλής, ές: wunderschön

---

4 *Part. Perf. Akt. zu* πλήττω – 5 *Tmesis* – 6 *Imperativ 2. Sg. Aor. zu* λέχομαι *DM: sich niederlegen* – 7 *Inf. Aor. zu* κτείνω – 8 = γονάτων – 9 *2. Sg. zu* εἰμί – 10 = ποῦ *(interr.)* – 11 *kurzvokalischer Konj.* – 12 *Part. Aor. Pass. Nom. Dual m. zu* μείγνυμι – 13 *2. Sg. Konj. zu* τίθημι – 14 *2. Sg. Opt. zu* ἔτλην – 15 = βουλεύσειν

LERNWORTSCHATZ

αἶψα *Adv.*	sofort, schnell	οἱ τοκῆες, εων	die Eltern
φαεινός, ή, όν	glänzend, strahlend	τὸ ἕρκος, εος	das Gehege; der Schutz
ἀκαχίζω	betrüben	ὁ ὀδούς, ὀδόντος	der Zahn
τὸ ἦτορ, ορος	das Herz; der Mut	**πολύτροπος, ον**	vielgewandt
δαιδάλεος, η, ον	kunstfertig, kunstvoll	**ὁ Ἀργεϊφόντης, ου**	der Argostöter *(Hermes)*
τεύχω	(zu)bereiten, anfertigen	θοός, ή, όν	schnell, flink
τὸ δέπας, αος	der Becher	ἡ εὐνή, ῆς	das (Ehe-)Bett
ἡ ῥάβδος, ου	der (Zauber-)Stab	ἡ φιλότης, ητος	die Freundschaft, die Liebe
ἐξονομάζω	(be)nennen, ansprechen	ὁ/ἡ σῦς, συός	das Schwein; die Sau
ὁ μηρός, οῦ	der (Ober-)Schenkel	κέλομαι *DM*	auffordern, befehlen
μενεαίνω	verlangen (nach), begehren	τὸ μέγαρον, ου	die Halle; *(im Pl. oft)* der Palast
ἰάχω	(auf)schreien, brüllen	ἔτλην *Aor., Inf.* τλῆναι	ertragen, über sich bringen
ὀλοφύρομαι *DM*	jammern, klagen	τὸ πῆμα, ατος	das Leid, das Unheil
πτερόεις, εσσα, εν	gefiedert, geflügelt		
(προσ)αὐδάω	anreden, (an)sprechen		

3 Beschreiben Sie das von Waterhouse geschaffene Kirke-Bildnis mit besonderem Blick auf die Randdetails.

4 „Tödliche Verführung". Formulieren Sie in eigenen Worten, wie für Sie (auch subjektiv) Kirke einerseits auf dem Gemälde, andererseits im Homertext wirkt. Begründen Sie Ihre Empfindung.

5 Sammeln Sie Eigenschaften, die man der homerischen Beschreibung und dem Gemälde für das äußere Erscheinungsbild der Kirke entnehmen könnte und stellen Sie Gemeinsamkeiten zusammen.

Kirke bietet Odysseus den Becher an. Gemälde von John William Waterhouse, 1891, Gallery Oldham

10.3.3 Die Rettung der Gefährten

Nach Odysseus' Sieg über Kirke erhält er durch ihre Dienerinnen ein wohltuendes Bad und wird darauf zu einer fürstlich gedeckten Tafel gebeten, will jedoch nicht essen. Kirke erkundigt sich nach dem Grund seiner Verstimmung.

SPRACHLICHE UND INHALTLICHE VORERSCHLIESSUNG

1 Überlegen Sie, in welcher Stimmungslage Odysseus sich nach der Gefahr der Verzauberung und angesichts der anschließenden Freundlichkeit im Palast der Kirke befinden könnte.

Odyssee 10,382–406

Ὣς ἔφατ', αὐτὰρ ἐγώ μιν ἀμειβόμενος προσέειπον·
„Ὦ Κίρκη, τίς γάρ κεν ἀνήρ, ὃς ἐναίσιμος εἴη,
πρὶν τλαίη[1] πάσσασθαι ἐδητύος ἠδὲ ποτῆτος,
πρὶν λύσασθ' ἑτάρους[2] καὶ ἐν ὀφθαλμοῖσιν ἰδέσθαι;
Ἀλλ' εἰ δὴ πρόφρασσα πιεῖν φαγέμεν τε κελεύεις,
λῦσον, ἵν' ὀφθαλμοῖσιν ἴδω ἐρίηρας ἑταίρους."
Ὣς ἐφάμην, Κίρκη δὲ διὲκ μεγάροιο βεβήκει
ῥάβδον ἔχουσ' ἐν χειρί, θύρας δ' ἀνέῳξε[3] συφειοῦ,
ἐκ[4] δ' ἔλασεν[4] σιάλοισιν ἐοικότας ἐννεώροισιν.
Οἱ μὲν ἔπειτ' ἔστησαν ἐναντίοι, ἡ δὲ δι' αὐτῶν
ἐρχομένη προσάλειφεν ἑκάστῳ φάρμακον ἄλλο.
Τῶν δ' ἐκ μὲν μελέων τρίχες ἔρρεον, ἃς πρὶν ἔφυσε
φάρμακον οὐλόμενον, τό σφιν πόρε πότνια Κίρκη·
ἄνδρες δ' ἂψ ἐγένοντο νεώτεροι ἢ πάρος ἦσαν,
καὶ πολὺ καλλίονες καὶ μείζονες εἰσοράεσθαι.
Ἔγνωσαν δέ με κεῖνοι, ἔφυν[5] τ' ἐν χερσὶν ἕκαστος·
πᾶσιν δ' ἱμερόεις ὑπέδυ γόος, ἀμφὶ δὲ δῶμα
σμερδαλέον κονάβιζε· θεὰ δ' ἐλέαιρε καὶ αὐτή.
Ἡ δέ μευ ἄγχι στᾶσα προσηύδα δῖα θεάων·
„Διογενὲς Λαερτιάδη,[6] πολυμήχαν' Ὀδυσσεῦ,
ἔρχεο νῦν ἐπὶ νῆα θοὴν καὶ θῖνα θαλάσσης.
Νῆα μὲν ἂρ πάμπρωτον ἐρύσσατε ἤπειρόνδε,
κτήματα δ' ἐν σπήεσσι πελάσσατε ὅπλα τε πάντα·
αὐτὸς δ' ἂψ ἰέναι[7] καὶ ἄγειν[7] ἐρίηρας ἑταίρους."
Ὣς ἔφατ', αὐτὰρ ἐμοί γ' ἐπεπείθετο θυμὸς ἀγήνωρ.

ἐναίσιμος, ον: rechtschaffen, anständig

πατέομαι *DM (+ Gen.), Aor.* **ἐπασ(σ)άμην**: sich sättigen an, genießen

ἐρίηρος, ον (*Pl.*: ες): lieb, vertraut

ὁ συφε(ι)ός, οῦ: der Schweinestall

ὁ σίαλος, ου: das Mastschwein

ἐννέωρος, ον: neunjährig

προσαλείφω: aufstreichen, auftragen

οὐλόμενος, η, ον: Unheil bringend

ἐν χερσὶ φύομαι: (fest) an den Händen fassen

ἱμερόεις, εσσα, εν: sehnsüchtig, Freuden-

κοναβίζω: erschallen

ἐλεαίρω: Mitleid haben

διογενής, ές: von Zeus stammend, zeusgeboren

πολυμήχανος, ον: erfindungsreich

ὁ/(ἡ) θίς, θινός: der Strand

πάμπρωτον *Adv.*: zu allererst

1 *3. Sg. Opt. zu* ἔτλην – 2 = ἑταίρους – 3 *3. Sg. Aor. zu* ἀνοίγω – 4 *Tmesis* – 5 = ἔφυσαν – 6 ὁ Λαερτιάδης, ου: *Sohn des Laërtes (Odysseus)* – 7 *imperativischer Inf.*

LERNWORTSCHATZ

ἔτλην *Aor., Inf.* **τλῆναι**	ertragen, über sich bringen	**ὁ γόος, ου**	die Klage, der Jammer
ἡ ἐδητύς, ύος	das Essen, die Speise	**τὸ δῶμα, ατος**	das Haus; der Palast
ἡ ποτής, ῆτος	der Trank	**σμερδαλέος, η, ον**	fürchterlich, schrecklich
πρόφρων, ον *(f. hom.* **πρόφρασσα)**	wohlmeinend; bereitwillig	**ἄγχι** *(+ Gen.)*	nahe (bei)
		(προσ)αὐδάω	anreden, (an)sprechen
ἡ ῥάβδος, ου	der (Zauber-)Stab	**δῖος, α, ον**	herrlich; göttlich
πορίζω, *Aor.* **ἔπορον**	zustande bringen; verleihen, verabreichen	**θοός, ή, όν**	schnell, flink
		τὸ σπέος, ους, *Dat. Pl.* **σπήεσσι**	die Höhle, die Grotte
πότνια *f. Nom./Vok.*	mächtig; *(Subst.)* die Herrin		
ἄψ *Adv.*	(hin)fort; wieder, zurück	**πελάζω**	heran-, näherbringen
πάρος *Adv.*	vorher, früher	**ἀγήνωρ, ορος**	tapfer, mutig, edel

ANALYSE UND INTERPRETATION

2 Analysieren Sie folgende Verse nach den typisch epischen Sprachelementen: Verse 321, 336, 345, 382, 388; 401.

3 Vergleichen Sie das situationsbezogene Verhalten von Kirke und Odysseus, indem Sie aus den folgenden Textabschnitten die wesentlichen Begriffe auf Griechisch und Deutsch heraussuchen: a) Verse 313–320 und 330–335 (Kirke) und b) Verse 337–344 (Odysseus).

4 Die Kirke-Odysseus-Szene ist gezielt auf einen „Geschlechterkampf" hin ausgestaltet. Untersuchen Sie, mit welchen Mitteln und Tricks auf beiden Seiten „gekämpft" wird, und stellen Sie Vermutungen darüber an, wer als Sieger aus der Situation hervorgeht.

5 Wer beeindruckt wen mehr? In der Rezeptionsgeschichte wird diese Szene gerne auch mit der Überschrift „Kirke verliebt sich in Odysseus" bzw. „Odysseus' Liebesaffäre mit Kirke" betitelt. Sammeln Sie Belege in der Textpassage, die diese Betitelungen rechtfertigen können.

6 Vergleichen Sie das Gemälde von Charles Hermans mit Odysseus' Worten in den Versen 383–387.

7 Beschreiben Sie, wie der Maler versucht, die Atmosphäre der literarischen Szene einzufangen.

Circe the Temptress. Gemälde von Charles Hermans, 1881, Privatbesitz

10.4 In der Unterwelt

Kirke rät Odysseus, in die Unterwelt hinabzusteigen und dort den Seher Teiresias wegen der weiteren Heimfahrt zu befragen. Odysseus begegnet in der Unterwelt vielen bekannten Personen und auch seiner Mutter.

SPRACHLICHE UND INHALTLICHE VORERSCHLIESSUNG

1 Informieren Sie sich über verschiedene in der Antike entwickelte Vorstellungen von Unterwelt bzw. Jenseits.

10.4.1 Odysseus begegnet seiner Mutter

Nachdem Odysseus seiner Mutter den Grund für seinen Abstieg in die Unterwelt genannt hat, fragt er sie nach seiner Familie und danach, wie es seiner Ehefrau Penelope geht.

Odyssee 11,180–214 (gekürzt)

Ὣς ἐφάμην, ἡ δ' αὐτίκ' ἀμείβετο πότνια μήτηρ·
„Καὶ λίην κείνη γε μένει τετληότι θυμῷ
σοῖσιν ἐνὶ μεγάροισιν· ὀϊζυραὶ δέ οἱ[1] αἰεὶ
φθίνουσιν νύκτες τε καὶ ἤματα δάκρυ χεούσῃ.
Σὸν δ' οὔ πώ τις ἔχει καλὸν γέρας, ἀλλὰ ἕκηλος
Τηλέμαχος τεμένεα νέμεται καὶ δαῖτας ἐΐσας
δαίνυται, ἃς ἐπέοικε δικασπόλον ἄνδρ' ἀλεγύνειν·
πάντες γὰρ καλέουσι.[2] Πατὴρ δὲ σὸς αὐτόθι μίμνει
ἀγρῷ[3] οὐδὲ πόλινδε κατέρχεται· οὐδέ οἱ εὐναὶ
δέμνια καὶ χλαῖναι καὶ ῥήγεα σιγαλόεντα,
ἀλλ' ὅ γε χεῖμα[4] μὲν εὕδει, ὅθι δμῶες ἐνὶ οἴκῳ,
ἐν κόνι ἄγχι πυρός, κακὰ δὲ χροὶ εἵματα εἷται.[5] [...]
Ἀλλά με σός[6] τε πόθος σά[6] τε μήδεα, φαίδιμ' Ὀδυσσεῦ,
σή τ' ἀγανοφροσύνη μελιηδέα θυμὸν ἀπηύρα."
Ὣς ἔφατ', αὐτὰρ ἐγώ γ' ἔθελον φρεσὶ μερμηρίξας
μητρὸς ἐμῆς ψυχὴν ἑλέειν κατατεθνηυίης.[7]
Τρὶς μὲν ἐφωρμήθην, ἑλέειν τέ με θυμὸς ἀνώγει,
τρὶς δέ μοι ἐκ χειρῶν σκιῇ εἴκελον ἢ καὶ ὀνείρῳ
ἔπτατ'· ἐμοὶ δ' ἄχος ὀξὺ γενέσκετο[8] κηρόθι μᾶλλον,
καί μιν φωνήσας ἔπεα πτερόεντα προσηύδων·

ἕκηλος, ον: unbehelligt, in Ruhe
τὸ τέμενος, εος: das Königsgut
νέμομαι *Med.*: verwalten, benutzen
ἐΐσος, η, ον: gebührend verteilt
ἐπέοικε(ν) *Perf.*: es ziemt sich, es gebührt sich
δικασπόλος, ου *m.*: rechtsprechend
ἀλεγύνω: *hier*: genießen
τὸ ῥῆγος, εος: die Decke
σιγαλόεις, εσσα, εν: glänzend, schimmernd
ἡ κόνις, ιος: die Asche, der Staub
τὰ μήδεα, έων: die Sorgen
ἡ ἀγανοφροσύνη, ης: die Milde, die Freundlichkeit
μελιηδής, ές: hönigsüß, mild
ἀπαυράω *(+ zwei Akk.)*: jdm. etw. rauben
μερμηρίζω: schwanken, zweifeln; überlegen
ἐφορμάω: hinbewegen (auf), *Med.*: losstürmen
εἴκελος, η, ον: gleich (wie)
κηρόθι *Adv.*: im Herzen

1 gemeint ist Penelope – 2 ergänze: αὐτόν; *gemeint ist Telemach, der als Gerichtsherr zum Essen eingeladen wird – 3 Dat. loci, nähere Erläuterung zu* αὐτόθι *– 4 hier Zeitangabe: „im Winter" – 5 3. Sg. Perf. Pass. zu* ἕννυμι: *anziehen – 6 hier: „nach dir" bzw. „um dich" – 7 Part. Perf. Dat. Sg. f. zu* καταθνῄσκω *– 8 =* ἐγένετο

„Μῆτερ ἐμή, τί νύ μ᾽ οὐ μίμνεις ἑλέειν μεμαῶτα,
ὄφρα καὶ εἰν Ἀΐδαο φίλας[9] περὶ χεῖρε βαλόντε
ἀμφοτέρω[9] κρυεροῖο τεταρπώμεσθα[10] γόοιο;
Ἦ τί μοι εἴδωλον τόδ᾽ ἀγαυὴ Περσεφόνεια
ὤτρυν᾽, ὄφρ᾽ ἔτι μᾶλλον ὀδυρόμενος στεναχίζω;"

κρυερός, ή, όν: schauerlich

---

9 *Satzbau:* ἀμφοτέρω φίλας χεῖρε περιβαλόντε; ἀμφοτέρω, βαλόντε: *Nom. Dual m.;* (φίλας) χεῖρε: *Dual Akk.* – 10 *1. Pl. Konj. Aor. Med. zu* τέρπω

LERNWORTSCHATZ

πότνια *f. Nom./Vok.*	mächtig; *(Subst.)* die Herrin
τετληώς, υῖα, ός	standhaft, ausdauernd
τὸ μέγαρον, ου	die Halle; *(im Pl. oft)* der Palast
ὀϊζυρός, ή, όν	jammervoll, qualvoll
χέω, *Aor.* **ἔχε(υ)α**	ver-, ausgießen
ἡ δαίς, δαιτός	der Anteil, die Portion; das (Gast-)Mahl
δαίνυμαι *Med.*	essen, speisen
μίμνω	bleiben, warten
ἡ εὐνή, ῆς	das (Ehe-)Bett
τὸ δέμνιον, ου	die Bettstelle, das Bett
ἡ χλαῖνα, ης	der Umhang, der Mantel, die (Bett-)Decke
ὅθι *Adv. (rel.)*	wo
ὁ δμώς, δμωός	der Sklave, der Diener
ἄγχι *(+ Gen.)*	nahe (bei)
ὁ χρώς, χρωτός *oder* **χροός**	die Haut, der Körper
τὸ εἶμα, ατος	das Gewand
ἕννυμαι *Med.*	sich etw. anziehen
ὁ πόθος, ου	das Verlangen, die Sehnsucht
φαίδιμος, ον	strahlend, glänzend
ἡ φρήν, φρενός	der Sinn, der Verstand
τρίς *Adv.*	dreimal
ἄνωγα *Perf.*	befehlen
ἡ σκιή, ῆς	der Schatten
πέτομαι *DM,* *Aor.* **ἐπτάμην**	(ent)fliegen, (ent)eilen
τὸ ἄχος, εος	der Schmerz, das Leid, der Kummer
τὸ κῆρ, κηρός	das Herz
φωνέω	(laut) rufen; ansprechen
πτερόεις, εσσα, εν	gefiedert, geflügelt
(προσ)αὐδάω	anreden, (an)sprechen
μέμαα *Perf.*	begehren
τέρπω	sättigen; erfreuen
ὁ γόος, ου	die Klage, der Jammer
τὸ εἴδωλον, ου	das Ab-, Trugbild
ἀγαυός, ή, όν	erlaucht, erhaben; edel
ὀτρύνω	antreiben, in Bewegung setzen; schicken
ὀδύρομαι *DM*	Schmerzen haben, jammern
στεναχίζω	seufzen, stöhnen

ANALYSE UND INTERPRETATION

1 Stellen Sie die Informationen, die Odysseus von seiner Mutter über die Situation an seinem verwaisten Königshof bekommt, zusammen.

2 Die hier beschriebene Szene gehört zu den traurigsten und rührendsten Stellen der Odyssee. Beschreiben Sie, mit welchen sprachlichen Mitteln der Autor diesen Effekt der Schwermut erzielt und beim Leser großes Mitgefühl auslöst.

11 Die Heimkehr des Odysseus

11.1 Wiedersehen mit dem Hund Argos

Zurück auf Ithaka wird Odysseus in einen alten Bettler verwandelt, damit er nicht von den Freiern seiner Frau Penelope erkannt wird, die in seinem Palast Feste feiern. Von seinem Schweinehirten Eumaios wird er zum Palast gebracht und trifft dort auf einen alten Freund – seinen treuen Jagdhund Argos.

SPRACHLICHE UND INHALTLICHE VORERSCHLIESSUNG

1 Nennen Sie heutige Beispiele für die Anhänglichkeit und Treue von Haustieren.

Odyssee 17,291–327

Ἂν[1] δὲ κύων κεφαλήν τε καὶ οὔατα[2] κείμενος ἔσχεν,[1]
Ἄργος,[3] Ὀδυσσῆος ταλασίφρονος,[4] ὅν ῥά ποτ᾽ αὐτὸς
θρέψε μέν, οὐδ᾽ ἀπόνητο,[5] πάρος δ᾽ εἰς Ἴλιον[6] ἱρὴν[7]
ᾤχετο. Τὸν δὲ πάροιθεν[8] ἀγίνεσκον νέοι ἄνδρες
αἶγας ἐπ᾽ ἀγροτέρας ἠδὲ πρόκας ἠδὲ λαγωούς·
δὴ τότε κεῖτ᾽ ἀπόθεστος ἀποιχομένοιο ἄνακτος
ἐν πολλῇ κόπρῳ, ἥ οἱ προπάροιθε[9] θυράων
ἡμιόνων τε βοῶν τε ἅλις κέχυτ᾽,[10] ὄφρ᾽[11] ἂν ἄγοιεν[11]
δμῶες Ὀδυσσῆος τέμενος μέγα κοπρήσοντες·
ἔνθα κύων κεῖτ᾽ Ἄργος ἐνίπλειος κυνοραιστέων.
Δὴ τότε γ᾽, ὡς ἐνόησεν Ὀδυσσέα ἐγγὺς ἐόντα,
οὐρῇ μέν ῥ᾽ ὅ γ᾽ ἔσηνε[12] καὶ οὔατα[2] κάββαλεν[13] ἄμφω,
ἆσσον δ᾽ οὐκέτ᾽ ἔπειτα δυνήσατο οἷο ἄνακτος
ἐλθέμεν· αὐτὰρ ὁ νόσφιν ἰδὼν ἀπομόρξατο[14] δάκρυ,
ῥεῖα λαθὼν Εὔμαιον, ἄφαρ δ᾽ ἐρεείνετο μύθῳ·
„Εὔμαι᾽, ἦ μάλα θαῦμα κύων ὅδε κεῖτ᾽ ἐνὶ κόπρῳ.
Καλὸς μὲν δέμας ἐστίν, ἀτὰρ τόδε γ᾽ οὐ σάφα οἶδα,
ἢ δὴ καὶ ταχὺς ἔσκε[15] θέειν ἐπὶ εἴδεϊ τῷδε,
ἦ αὔτως οἷοί τε τραπεζῆες κύνες ἀνδρῶν
γίνοντ᾽, ἀγλαΐης δ᾽ ἕνεκεν κομέουσιν ἄνακτες.“
Τὸν δ᾽ ἀπαμειβόμενος προσέφης,[16] Εὔμαιε συβῶτα·

ἀγινέω, *Imperf. (iterativ)* **ἀγίνεσκον**: treiben, hetzen
ἡ πρόξ, προκός: die Hirschkuh
ἀπόθεστος, ον: abgeschoben, verachtet
προπάροιθεν *(+ Gen.)*: vor
τὸ τέμενος, εος: das Königsgut
κοπρέω: düngen
ἐνίπλειος, ον *(+ Gen.)*: voll von
ὁ κυνοραίστης, ου: die Hundelaus
ἐρεείνομαι *DM*: fragen
ἤ … ἤ: ob … oder
οἱ τραπεζῆες κύνες: die Tischhunde
κομέω: *hier:* halten

1 *Tmesis* – 2 = ὦτα – 3 ὁ Ἄργος, ου: *Argos (sprechender Name; drückt die Eigenschaft aus:* ἀργός: *schnell, flink)* – 4 *Gen.-Attribut zu* κύων – 5 *3. Sg. Aor. zu* ἀπονίναμαι *DM: Nutzen haben* – 6 = πρίν – 7 = ἱερήν – 8 = πάρος – 9 = πρό – 10 *3. Sg. Plperf. Pass. zu* χέω – 11 ὄφρ᾽ ἂν ἄγοιεν: *„bis dass sie (ihn) wegbrächten“* – 12 *3. Sg. Aor. zu* σαίνω: *wedeln* – 13 = κατέβαλεν – 14 *3. Sg. Aor. Med. zu* ἀπομόργνυμι: *abwischen* – 15 *3. Sg. Imperf. zu* εἰμί *(iterativ)* – 16 *Apostrophe (der Dichter spricht seine Figur selbst an)*

„Καὶ λίην ἀνδρός γε κύων ὅδε[17] τῆλε θανόντος·
εἰ τοιόσδ᾽ εἴη ἠμὲν δέμας[17] ἠδὲ καὶ ἔργα,[18]
οἷόν μιν Τροίηνδε κιὼν κατέλειπεν Ὀδυσσεύς,
αἶψά κε θηήσαιο[19] ἰδὼν ταχυτῆτα καὶ ἀλκήν.
Οὐ μὲν γάρ τι φύγεσκε[20] βαθείης βένθεσιν ὕλης
κνώδαλον, ὅττι δίοιτο· καὶ ἴχνεσι γὰρ περιῄδη.
Νῦν δ᾽ ἔχεται κακότητι, ἄναξ δέ οἱ ἄλλοθι πάτρης
ὤλετο, τὸν δὲ γυναῖκες ἀκηδέες οὐ κομέουσι.
Δμῶες δ᾽, εὖτ᾽[21] ἂν[21] μηκέτ᾽ ἐπικρατέωσιν ἄνακτες,
οὐκέτ᾽ ἔπειτ᾽ ἐθέλουσιν ἐναίσιμα ἐργάζεσθαι·
ἥμισυ γάρ τ᾽ ἀρετῆς ἀποαίνυται εὐρύοπα Ζεὺς
ἀνέρος, εὖτ᾽[21] ἄν[21] μιν κατὰ[1] δούλιον ἦμαρ ἕλῃσιν.[1]“
Ὣς εἰπὼν εἰσῆλθε δόμους εὖ ναιετάοντας,
βῆ δ᾽ ἰθὺς μεγάροιο μετὰ μνηστῆρας ἀγαυούς.
Ἄργον δ᾽ αὖ κατὰ[1] μοῖρ᾽ ἔλαβεν[1] μέλανος θανάτοιο,
αὐτίκ᾽ ἰδόντ᾽ Ὀδυσῆα ἐεικοστῷ ἐνιαυτῷ.

καὶ λίην: ja freilich
ἠμέν … ἠδέ: einerseits … andererseits
ἡ ταχυτής, ῆτος: die Schnelligkeit
τὸ βένθος, εος: die Tiefe, die Schlucht
τὸ κνώδαλον, ου: das wilde Tier
δίεμαι *DM*: (nach)jagen
περίοιδα *(+ Dat.)*: sich gut auskennen mit/bei
ἡ κακότης, ητος: das Elend
ἄλλοθι *(+ Gen.)*: fern von
ἡ πάτρη, ης: das Vaterland
ἐναίσιμος, ον: gebührend
ἀποαίνυμαι *DM*: wegnehmen
εὐρύοπα *Nom./Vok. Sg. m.*: weitblickend
τὸ δούλιον ἦμαρ, ατος: der Tag der Versklavung
εὖ ναιετάω: gut bewohnt sein
ἰθύς *(+ Gen.)*: gerade durch

---

17 *erg.* ἐστι – 18 δέμας … ἔργα: *Akk. der Beziehung: „hinsichtlich …“* – 19 *2. Sg. Opt. Aor. zu* θηέομαι *DM: (be)staunen* – 20 *Aor. (iterativ) zu* φεύγω – 21 = ἐάν

LERNWORTSCHATZ

ἀνέχω	empor-, hochhalten
ταλασίφρων, ον	standhaft, geduldig
πάρος *Adv.*	vorher, früher
ἡ αἴξ, αἰγός	die Ziege
ἀγρότερος, η, ον	wild (lebend)
ὁ λαγωός, οῦ	der Hase
ἡ κόπρος, ου	der (Stall)Mist
ὁ ἡμίονος, ου	das Maultier
ἅλις *Adv.*	genug, in großer Menge
χέω, *Aor.* **ἔχε(υ)α**	ausgießen, -schütten
ὁ δμώς, δμωός	der Sklave, der Knecht
ἄγχι *(+ Gen.)* *Komp.:* **ἆσσον**	nahe (bei)
ῥεῖα *oder* **ῥέα** *Adv.*	leicht, mühelos
ἄφαρ *Adv.*	sofort
τὸ δέμας *Nom./Akk.*	der Körperbau, die Gestalt
σάφα *Adv.*	klar, eindeutig
αὔτως *Adv.*	ebenso, nur (so)
ἡ ἀγλαΐη, ης	der Prunk, der Glanz
ὁ ἄναξ, ακτος	der Herrscher
ὁ συβώτης, ου	der Schweinehirt
τῆλε *Adv.*	fern, in der Ferne
κίω	gehen
αἶψα *Adv.*	schnell, sofort
ἡ ἀλκή, ῆς	die (Abwehr-)Kraft
ἀκηδής, ές	nachlässig, sorglos
ἐπικρατέω	die Macht haben (über), beherrschen
ὁ δόμος, ου	das Gebäude; das Haus
ὁ μνηστήρ, ῆρος	der Freier
ἀγαυός, ή, όν	erlaucht, erhaben; edel

ANALYSE UND INTERPRETATION

2 Beschreiben Sie die Eigenschaften des Hundes in seinen jungen Jahren und seine aktuelle Lage als altes Tier, indem Sie die jeweiligen griechischen Zitate nennen.

3 Erläutern Sie Odysseus' Reaktion und Verhalten im Moment der Begegnung mit seinem Hund, insbesondere hinsichtlich seines Planes, unerkannt seinen Palast zu betreten.

11.2 Odysseus vor den Freiern

Ein Wettkampf mit Pfeil und Bogen soll die Entscheidung darüber bringen, wen Penelope heiraten soll. Im 21. Gesang der Odyssee wird dieser Bogenwettkampf in spannenden Szenen geschildert; dabei kann letztendlich Odysseus den Sieg davontragen. Darauf beginnt die gut vorbereitete Rache an den Freiern.

SPRACHLICHE UND INHALTLICHE VORERSCHLIESSUNG

1 Informieren Sie sich über das ungebührliche Verhalten der Freier im Palast.

11.2.1 Der Wortführer der Freier stirbt

Odysseus offenbart seine wahre Person und lässt keinen Zweifel daran, wer in Ithaka immer noch das Sagen hat: Antinoos, der Wortführer der Freier, muss dies als Erster erfahren.

Odyssee 22,1–25

Αὐτὰρ ὁ γυμνώθη ῥακέων πολύμητις Ὀδυσσεύς,
ἆλτο[1] δ’ ἐπὶ μέγαν οὐδὸν ἔχων βιὸν ἠδὲ φαρέτρην
ἰῶν ἐμπλείην, ταχέας δ’ ἐκχεύατ’ ὀϊστοὺς
αὐτοῦ πρόσθε ποδῶν, μετὰ δὲ μνηστῆρσιν ἔειπεν·
„Οὗτος μὲν δὴ ἄεθλος ἀάατος ἐκτετέλεσται·
νῦν αὖτε σκοπὸν ἄλλον, ὃν οὔ πώ τις βάλεν ἀνήρ,
εἴσομαι,[2] αἴ κε τύχωμι, πόρῃ δέ μοι εὖχος Ἀπόλλων.“
Ἦ καὶ ἐπ’ Ἀντινόῳ ἰθύνετο πικρὸν ὀϊστόν.
Ἤ τοι ὁ καλὸν ἄλεισον ἀναιρήσεσθαι ἔμελλε,
χρύσεον ἄμφωτον, καὶ δὴ μετὰ χερσὶν ἐνώμα,
ὄφρα πίοι οἴνοιο· φόνος δέ οἱ οὐκ ἐνὶ θυμῷ
μέμβλετο.[3] Τίς κ’ οἴοιτο μετ’ ἀνδράσι δαιτυμόνεσσι
μοῦνον ἐνὶ πλεόνεσσι, καὶ εἰ μάλα καρτερὸς εἴη,
οἱ[4] τεύξειν θάνατόν τε κακὸν καὶ κῆρα μέλαιναν;
Τὸν δ’ Ὀδυσεὺς κατὰ λαιμὸν ἐπισχόμενος βάλεν ἰῷ,
ἀντικρὺ δ’ ἁπαλοῖο δι’ αὐχένος ἤλυθ’[5] ἀκωκή.
Ἐκλίνθη δ’ ἑτέρωσε, δέπας δέ οἱ ἔκπεσε χειρὸς
βλημένου,[6] αὐτίκα δ’ αὐλὸς ἀνὰ ῥῖνας παχὺς ἦλθεν
αἵματος ἀνδρομέοιο· θοῶς δ’ ἀπὸ εἷο τράπεζαν
ὦσε ποδὶ πλήξας, ἀπὸ δ’ εἴδατα χεῦεν ἔραζε·
σῖτός τε κρέα τ’ ὀπτὰ φορύνετο. Τοὶ δ’ ὁμάδησαν

γυμνόομαι *Med. (+ Gen.)*: sich etw. ausziehen
τὸ ῥάκος, εος: der Lumpen
ὁ οὐδός, οῦ: die (Tür-)Schwelle
ὁ βιός, οῦ: die (Bogen-)Sehne, der Bogen
ἀάατος, ον: ohne Verletzung
τὸ εὖχος, εος: der Ruhm
ἰθύνω: richten auf
τὸ ἄλεισον, ου: der Becher
ἄμφωτος, ον: zweihenkelig
νωμάω: bewegen, schwingen
ὁ δαιτυμών, όνος: der Teilnehmer am Gelage
ὁ λαιμός, οῦ: die Kehle
ἀντικρύ *Adv.*: geradewegs
ἁπαλός, ή, όν: zart, weich
ἡ ἀκωκή, ῆς: die Spitze
ἑτέρωσε *Adv.*: auf die andere Seite
τὸ εἶδαρ, ατος: das Essen, die Speise
ὁ αὐλός, οῦ: *hier:* der (Blut-)Schwall
ἔραζε *Adv.*: zu Boden
ὀπτός, ή, όν: gebraten
φορύνω: beschmutzen
ὁμαδέω: aufschreien

1 *3. Sg. Aor. zu* ἅλλομαι – 2 *Fut. zu* οἶδα – 3 *3. Sg. Aor. zu* μέλει *(+ Dat.): „es kam ihm in den Sinn“* – 4 = ἑαυτῷ; *indir. refl., bezogen auf* τίς – 5 = ἦλθεν – 6 *Part. Aor. Pass. zu* βάλλω

μνηστῆρες κατὰ δώμαθ᾽, ὅπως ἴδον ἄνδρα πεσόντα,
ἐκ δὲ θρόνων ἀνόρουσαν ὀρινθέντες κατὰ δῶμα,
πάντοσε παπταίνοντες ἐϋδμήτους ποτὶ τοίχους
οὐδέ που ἀσπὶς ἔην οὐδ᾽ ἄλκιμον ἔγχος ἑλέσθαι.

ἀνορούω: aufspringen
ὀρίνω: (auf)scheuchen
παπταίνω: sich umschauen
ἐΰδμητος, ον: gut gebaut
ὁ τοῖχος, ου: die Wand

LERNWORTSCHATZ

πολύμητις, ιος	listenreich	**κρατερός, ή, όν**	kräftig
ἅλλομαι *Med.*	springen	**ἡ κήρ, κηρός**	der Tod, das Todeslos
ἡ φαρέτρη, ης	der Köcher	**τὸ δέπας, αος**	der Becher
ὁ ἰός, οῦ	der Pfeil	**ἡ ῥίς, ῥινός**	die Nase
ἔμπλειος, η, ον *(+ Gen.)*	voll von	**παχύς, εῖα, ύ**	dick, kräftig
(ἐκ)χέω, *Aor.* **(ἐξ)έχε(υ)α**	(aus)gießen, (aus)schütten	**θοός, ή, όν**	schnell, flink
ὁ ὀϊστός, οῦ	der Pfeil	**ὠθέω,** *Aor.* **ἔωσα** *oder* **ὦσα**	(weg)stoßen
ὁ μνηστήρ, ῆρος	der Freier	**τὸ κρέας, κρέως**	das Fleisch
πικρός, ή, όν	spitz, bitter	**τὸ δῶμα, ατος**	das Haus; der Palast
ἦ *(Imperf.)*	sagte er, sprach's	**ἄλκιμος, (η), ον**	wehrhaft, stark
χρύσε(ι)ος, η, ον	golden	**τὸ ἔγχος, εος**	der Speer, die Lanze

ANALYSE UND INTERPRETATION

1 Sammeln Sie in den Versen 1–8 das kampf- und waffentechnische Vokabular, mit dem Odysseus' Angriff auf Antinoos vorbereitet wird. Begründen Sie mithilfe dieser Wortsammlung, warum der Dichter die Rede des Odysseus hier gerade mit der Erwähnung des Gottes Apollon enden lässt.

2 Der „Todessturz des Antinoos" (Verse 9–21) ist eine Art Genrebild, d. h. eine Szene wird in fein nuancierten Details gegebenenfalls mit einer moralisierenden Tendenz ausgemalt. Stellen Sie das (Fach-)Vokabular dieser Momentaufnahme in zwei oder drei thematisch getrennten Listen zusammen und versuchen Sie, diese Sachfelder inhaltlich zu bestimmen.

3 Warum schildert der Dichter den Tod des Antinoos, des Protagonisten unter den Freiern, auf diese Art? Geben Sie anhand der Analyse aus Aufgabe 2 eine Erklärung.

4 Vergleichen Sie die Bilddarstellung mit der Schilderung der Szene im Text der Odyssee.

5 Diskutieren Sie, welche didaktische Aussage die Illustration gehabt haben könnte, und nehmen Sie aus heutiger Sicht Stellung dazu.

Odysseus erschießt Antinoos. Illustration aus „Chatterbox", einer englischen Wochenzeitschrift für Kinder, von 1886

11.2.2 Kampfrhetorik

Bevor das Gemetzel weitergeht, kommt es zu einem heftigen Wortwechsel zwischen den Freiern und Odysseus.

Odyssee 22,26–42

Νείκειον δ' Ὀδυσῆα χολωτοῖσιν ἐπέεσσι·
„Ξεῖνε, κακῶς ἀνδρῶν τοξάζεαι· οὐκέτ' ἀέθλων
ἄλλων ἀντιάσεις· νῦν τοι σῶς αἰπὺς ὄλεθρος.
Καὶ γὰρ δὴ νῦν φῶτα κατέκτανες, ὃς μέγ' ἄριστος
κούρων εἰν Ἰθάκῃ· τῶ σ' ἐνθάδε γῦπες ἔδονται."
Ἴσκεν ἕκαστος ἀνήρ, ἐπεὶ ἦ φάσαν οὐκ ἐθέλοντα[1]
ἄνδρα κατακτεῖναι· τὸ δὲ νήπιοι οὐκ ἐνόησαν,
ὡς δή σφιν καὶ πᾶσιν ὀλέθρου πείρατ' ἐφῆπτο.
Τοὺς δ' ἄρ' ὑπόδρα ἰδὼν προσέφη πολύμητις Ὀδυσσεύς·
„Ὦ κύνες, οὔ μ' ἔτ' ἐφάσκεθ' ὑπότροπον οἴκαδε νεῖσθαι
δήμου ἄπο[2] Τρώων, ὅτι μοι κατεκείρετε οἶκον
δμῳῇσίν τε γυναιξὶ παρευνάζεσθε βιαίως
αὐτοῦ τε ζώοντος ὑπεμνάεσθε γυναῖκα,
οὔτε θεοὺς δείσαντες, οἳ οὐρανὸν εὐρὺν ἔχουσιν,
οὔτε τιν' ἀνθρώπων νέμεσιν κατόπισθεν ἔσεσθαι.
Νῦν ὕμιν καὶ πᾶσιν ὀλέθρου πείρατ' ἐφῆπται."
Ὣς φάτο, τοὺς δ' ἄρα πάντας ὑπὸ χλωρὸν δέος εἷλε.

νεικείω: schelten, beschimpfen
χολωτός, ή, όν: zornig
τοξάζομαι *DM (+ Gen.)*: auf etw. schießen
ἀντιάω *(+ Gen.)*: teilnehmen an etw.
τῶ *Adv.*: deshalb
ἴσκω: folgern, annehmen
φημί: *hier:* meinen
τὸ πεῖραρ, ατος: das Ende, der Abschluss
ἐφάπτω *(+ Dat.)*: verhängen über
ὑπότροπος, ον: heimkehrend
κατακείρω: *hier:* leerfressen
παρευνάζομαι *DM*: sich ins Bett legen mit jdm.
ὑπομνάομαι *DM*: (unerlaubt) werben um
κατόπισθε(ν) *Adv.*: im Nachhinein
ὑπό *Adv.*: von unten

1 *gemeint ist Odysseus* – 2 *Postposition*

LERNWORTSCHATZ

σάος, η, ον, *kontrahiert* **σῶς, σῶν**	heil, unversehrt	**ὑπόδρα** *Adv.*	schief, „von unten"
αἰπύς, εῖα, ύ	steil; jäh, plötzlich	**πολύμητις, ιος** *m.*	listenreich, sehr klug
ὁ φώς, φωτός	der Mann, der Held	**νέομαι** *DM*	(heim)kommen
ὁ γύψ, γυπός	der Geier	**ἡ δμῳή, ῆς**	die Dienerin, die Magd
ἐσθίω, *Fut.* **ἔδομαι**	(auf)essen, fressen	**εὐρύς, εῖα, ύ**	weit, breit
νήπιος, η, ον	unmündig; unwissend	**ἡ νέμεσις, εως**	der Tadel, die Kritik, die Vergeltung

ANALYSE UND INTERPRETATION

1 Nennen Sie die Vorwürfe und Drohungen, die die Freier und Odysseus einander machen.

2 Erläutern Sie anhand der Rede der Freier und des Odysseus den Ausdruck „τοὺς ... ὑπὸ χλωρὸν δέος εἷλε" (Vers 42).

11.2.3 Die Rache kennt kein Erbarmen

Odysseus und Telemach kennen keine Nachsicht: Auch Eurymachos und Amphinomos werden getötet. Als die Freier in der Folge ein wenig Oberhand gewinnen, schreitet Pallas Athene in Gestalt des Mentor ein und gibt Odysseus neue Ermunterung: So werden weitere Attacken der Freier zunächst abgewehrt, doch diese denken nicht daran aufzugeben.

SPRACHLICHE UND INHALTLICHE VORERSCHLIESSUNG

1 Recherchieren Sie Informationen über Pallas Athene als Göttin des Kampfes und nennen Sie ihre charakteristischen Attribute.

Odyssee 22,241–271 (gekürzt)

Μνηστῆρας δ᾽ ὤτρυνε Δαμαστορίδης Ἀγέλαος,
Εὐρύνομός τε καὶ Ἀμφιμέδων Δημοπτόλεμός τε,
Πείσανδρός τε Πολυκτορίδης Πόλυβός τε δαΐφρων·
οἱ γὰρ μνηστήρων ἀρετῇ ἔσαν[1] ἔξοχ᾽ ἄριστοι,
ὅσσοι ἔτ᾽ ἔζωον[2] περί τε ψυχέων ἐμάχοντο [...].
Τοῖς δ᾽ Ἀγέλεως[3] μετέειπεν, ἔπος πάντεσσι πιφαύσκων·
„Ὦ φίλοι, ἤδη σχήσει ἀνὴρ ὅδε χεῖρας ἀάπτους·
καὶ δή οἱ Μέντωρ μὲν ἔβη κενὰ εὔγματα εἰπών,
οἱ δ᾽ οἶοι λείπονται ἐπὶ πρώτῃσι θύρῃσι.
Τῷ νῦν μὴ ἅμα πάντες ἐφίετε δούρατα μακρά,
ἀλλ᾽ ἄγεθ᾽ οἱ ἓξ[4] πρῶτον ἀκοντίσατ᾽, αἴ κέ ποθι Ζεὺς
δώῃ[5] Ὀδυσσῆα βλῆσθαι[6] καὶ κῦδος ἀρέσθαι.[7]
Τῶν δ᾽ ἄλλων οὐ κῆδος, ἐπὴν οὗτός γε πέσῃσιν."
Ὣς ἔφαθ᾽, οἱ δ᾽ ἄρα πάντες ἀκόντισαν ὡς ἐκέλευεν,
ἱέμενοι· τὰ δὲ πάντα ἐτώσια θῆκεν Ἀθήνη,
τῶν ἄλλος μὲν σταθμὸν ἐϋσταθέος μεγάροιο
βεβλήκει, ἄλλος δὲ θύρην πυκινῶς ἀραρυῖαν·
ἄλλου δ᾽ ἐν τοίχῳ μελίη πέσε χαλκοβάρεια.
Αὐτὰρ ἐπεὶ δὴ δούρατ᾽[8] ἀλεύαντο μνηστήρων,
τοῖς δ᾽ ἄρα μύθων ἦρχε πολύτλας δῖος Ὀδυσσεύς·
„Ὦ φίλοι, ἤδη μέν κεν ἐγὼν εἴποιμι καὶ ἄμμι[9]
μνηστήρων ἐς ὅμιλον ἀκοντίσαι, οἳ μεμάασιν
ἡμέας ἐξεναρίξαι ἐπὶ προτέροισι κακοῖσιν."

ἔξοχα *Adv. (+ Sup.)*: bei weitem
πιφαύσκω: darlegen, kundtun
ἄαπτος, ον: unnahbar, unberührbar
τὰ εὔγματα, ων: die Prahlereien
τῷ *Adv.*: deshalb
ἱέμενος, η, ον: eifrig (verlangend)
ἐτώσιος, η, ον: vergeblich
ὁ σταθμός, οῦ: der (Tür-)Pfosten
εὐσταθής, ές: fest gebaut
πυκινῶς ἀραρώς, υῖα, ός: fest gefügt
ὁ τοῖχος, ου: die Wand
ἡ μελίη, ης: die Lanze
χαλκοβαρής, ές, *f.* **χαλκοβάρεια**: mit Erz beschwert

1 = ἦσαν – 2 = ἔζων – 3 ὁ Ἀγέλαος, ου: *Agelaos, einer der Freier* – 4 οἱ ἕξ: *„ihr sechs"; Agelaos spricht sechs seiner Leute an* – 5 *3. Sg. Konj. Aor. Akt. zu* δίδωμι – 6 *Inf. Aor. Pass. zu* βάλλω – 7 *Inf. Aor. zu* ἄρνυμαι *DM: erwerben* – 8 = δόρατα – 9 = ἡμῖν; *erg.* εἶναι *als AcI zu* εἴποιμι: *„dass es auch uns zukommt ..."*

Ὣς ἔφαθ', οἱ δ' ἄρα πάντες ἀκόντισαν ὀξέα δοῦρα[8]
ἄντα τιτυσκόμενοι· Δημοπτόλεμον μὲν Ὀδυσσεύς,
Εὐρυάδην δ' ἄρα Τηλέμαχος, Ἔλατον δὲ συβώτης,
Πείσανδρον δ' ἄρ' ἔπεφνε βοῶν ἐπιβουκόλος ἀνήρ.
Οἱ μὲν ἔπειθ' ἅμα πάντες ὀδὰξ ἕλον ἄσπετον οὖδας,
μνηστῆρες δ' ἀνεχώρησαν μεγάροιο μυχόνδε·
τοὶ δ' ἄρ' ἐπήϊξαν,[10] νεκύων δ' ἐξ[11] ἔγχε' ἕλοντο.[11]

τιτύσκομαι *DM*: zielen

ἐπιβουκόλος, ου *(+ Gen.)*: rinderhütend; *(Subst.)* der Rinderhirt

ὀδάξ *Adv.*: mit den Zähnen

ὁ μυχός, οῦ: das Innerste, der hinterste Winkel

---

10 *3. Pl. Aor. zu* ἐπαΐσσω – 11 *Tmesis*

LERNWORTSCHATZ

ὁ μνηστήρ, ῆρος	der Freier
ὀτρύνω	antreiben, in Bewegung setzen; schicken
δαΐφρων, ον	verständig, kundig
οἶος, η, ον	einzig, alleine, nur
ἀκοντίζω	(den Speer) schleudern
ποθι *Adv. (enkl.)*	irgendwie, vielleicht, etwa
τὸ κῦδος, εος	die Macht, der Ruhm
ἄρνυμαι *DM*	erwerben; sich mühen um
τὸ κῆδος, εος	die Sorge; das Leid
ἐπήν *(+ Konj.)*	sobald; wenn einmal
ἀλέομαι *oder* **ἀλεύομαι** *DM*	(ver)meiden, ausweichen
πολύτλας *Nom. Sg. m.*	viel duldend, geduldig
δῖος, α, ον	herrlich; göttlich
μέμαα *Perf.*	begehren
(ἐξ)εναρίζω, *Aor.* **(ἐξ)ενάριξα**	der Rüstung berauben, töten
ἄντα *Adv.*	entgegen, geradeaus
ὁ συβώτης, ου	der Schweinehirt
(ἔ)πεφνον *(Aor.)*	töten
τὸ οὖδας, οὔδεος	der (Fuß-)Boden
ἄσπετος, ον	unsäglich; groß, unendlich
(ἐπ)αΐσσω	losstürmen, -stürzen; angreifen
νέκυς, υος *m.*	tot; *(Subst.)* der Tote
τὸ ἔγχος, εος	der Speer, die Lanze

ANALYSE UND INTERPRETATION

2 Stellen Sie Vermutungen darüber an, welche Wirkung der Namenskatalog in den Versen 241–243 auf die Zuhörer haben könnte. Vergleichen Sie im Anschluss daran die Wirkung des in den Versen 265–271 erzählten Geschehens.

3 Analysieren Sie die Rede des Agelaos (Verse 247–255), indem Sie eine Gliederung vornehmen. Überlegen Sie dann, welche sprachlichen Elemente und Merkmale diese Passage als Kampfrede kennzeichnen.

11.2.4 Das Sterben, dargestellt im homerischen Gleichnis

Am Schluss des Kampfes, als Athene mit ihrer Aigis noch einmal eingreift, wird in einem epischen Gleichnis das Dahinsterben der Freier veranschaulicht.

SPRACHLICHE UND INHALTLICHE VORERSCHLIESSUNG

1 Informieren Sie sich über Wesen und Merkmal der Bezeichnungen Metapher, Vergleich und Gleichnis als Fachbegriffe für literarische Gestaltungsformen.

Odyssee 22,297–309

Δὴ τότ' Ἀθηναίη φθισίμβροτον αἰγίδ' ἀνέσχεν
ὑψόθεν ἐξ ὀροφῆς· τῶν δὲ φρένες ἐπτοίηθεν.[1]
Οἱ δ' ἐφέβοντο κατὰ μέγαρον βόες ὣς ἀγελαῖαι,
τὰς μέν τ' αἰόλος οἶστρος ἐφορμηθεὶς ἐδόνησεν
ὥρῃ ἐν εἰαρινῇ, ὅτε τ' ἤματα μακρὰ πέλονται·
οἱ δ' ὥς τ' αἰγυπιοὶ γαμψώνυχες ἀγκυλοχεῖλαι,
ἐξ ὀρέων ἐλθόντες ἐπ' ὀρνίθεσσι θόρωσι·

φθισίμβροτος, ον: menschenvertilgend, verderbend

ἡ ὀροφή, ῆς: das Dach, die Decke

φέβομαι *DM*: fliehen

ἀγελαῖος, η, ον: Herden-

αἰόλος, η, ον: schwirrend, wimmelnd

ὁ οἶστρος, ου: die Bremse *(stechendes Insekt)*

δονέω: *hier:* scheuchen

εἰαρινός, ή, όν: Frühlings-

ὁ αἰγυπιός, οῦ: der Raubvogel *(ein Geier oder Falke)*

γαμψῶνυξ, υχος: mit krummen Klauen

ἀγκυλοχείλης, ου: krummschnäbelig

1 *3. Pl. Aor. Pass. zu* πτοιάω: *ängstigen, verstören*

Marmorstatue der speerwerfenden Göttin Athene mit Helm und der hier als verziertes schützendes Ziegenfell dargestellten Aigis. Römische Kopie nach einem griechischen Original, Neapel, Museo Archeologico Nazionale

ταὶ μέν τ᾽ ἐν πεδίῳ νέφεα πτώσσουσαι ἵενται,
οἱ δέ τε τὰς ὀλέκουσιν ἐπάλμενοι,[2] οὐδέ τις ἀλκὴ
γίγνεται οὐδὲ φυγή· χαίρουσι δέ τ᾽ ἀνέρες ἄγρῃ·
ὣς ἄρα τοὶ μνηστῆρας ἐπεσσύμενοι[3] κατὰ δῶμα
τύπτον ἐπιστροφάδην· τῶν δὲ στόνος ὤρνυτ᾽ ἀεικὴς
κράτων τυπτομένων, δάπεδον δ᾽ ἅπαν αἵματι θῦε.

πτώσσω: sich ducken; fliehen
ὀλέκω: verderben

ἐπιστροφάδην *Adv.*: ringsum, sich im Kreis drehend
ὄρνυμαι *Med.*: sich in Bewegung setzen, sich erheben
θύω: *hier:* dampfen

2 *Part. Aor. zu* ἐφάλλομαι – 3 *Part. Perf. zu* ἐπι(σ)σεύομαι *Med.: eilen, losstürzen auf*

LERNWORTSCHATZ

ἀνέχω	empor-, hochhalten	**ἡ ἀλκή, ῆς**	die (Abwehr-)Kraft
ἡ αἰγίς, ίδος	die Aigis	**ἡ ἄγρη, ης**	der Fang, die Jagd
ὑψόθεν *Adv.*	aus der Höhe	**τὸ δῶμα, ατος**	das Haus, der Palast
ἡ φρήν, φρενός	der Sinn, der Verstand	**ὁ στόνος, ου**	das Stöhnen, das Röcheln
πέλομαι *DM*	sich entwickeln, werden; sich aufhalten, sein	**ἀεικής, ές**	schändlich; elend
θρῴσκω, *Aor.* **ἔθορον**	springen; losstürzen auf	**τὸ κάρη, κρατός** *oder* **καρήατος**	der Kopf, das Haupt
τὸ νέφος, εος	die Wolke	**τὸ δάπεδον, ου**	der (Haus-)Boden
(ἐφ)ἅλλομαι *DM*	springen auf, (feindlich) losstürzen auf		

ANALYSE UND INTERPRETATION

2 Analysieren Sie das hier vom Dichter eingebaute Doppelgleichnis nach folgenden Punkten:
   a) Welche Situationen schildern die Vergleichsbilder? Aus welchen Lebensbereichen stammen sie?
   b) Welche Einleitewörter für den Vergleich werden verwendet?
   c) Nehmen Sie für beide Vergleiche eine Gegenüberstellung von Bild und Wirklichkeit vor, indem Sie jeweils den Vergleich und das, was verglichen wird, nebeneinander stellen.
   d) Womit könnte man jeweils das *tertium comparationis* (den Vergleichspunkt) benennen?

3 Untersuchen Sie die beiden letzten Verse der Stelle (Verse 308–309) hinsichtlich ihrer lautlichen Effekte und versuchen sie zu erklären, inwiefern diese lautmalerische Wirkung mit dem Inhalt der Szene korrespondiert.

Odysseus und Penelope

12

12.1 Penelope erfährt von Odysseus' Heimkehr

Nach der erbarmungslosen Rache an den Freiern und deren Mithelfern informiert die Amme Eurykleia Penelope von Odysseus' Anwesenheit.

SPRACHLICHE UND INHALTLICHE VORERSCHLIESSUNG

1 Versetzen Sie sich in Penelope. Notieren Sie die Gefühle, die Sie bei der Nachricht vom Tod der Freier und der Rückkehr des Odysseus hätten.

Odyssee 23,1–33

Γρηῢς δ' εἰς ὑπερῷ' ἀνεβήσετο[1] καγχαλόωσα,[2]
δεσποίνῃ ἐρέουσα φίλον πόσιν ἔνδον ἐόντα·
γούνατα[3] δ' ἐρρώσαντο, πόδες δ' ὑπερικταίνοντο.
Στῆ δ' ἄρ' ὑπὲρ κεφαλῆς καί μιν πρὸς[4] μῦθον ἔειπεν·[4]
„Ἔγρεο,[5] Πηνελόπεια, φίλον τέκος, ὄφρα ἴδηαι
ὀφθαλμοῖσι τεοῖσι τά τ' ἔλδεαι ἤματα πάντα.
Ἦλθ' Ὀδυσεὺς καὶ οἶκον ἱκάνεται, ὀψέ περ ἐλθών·
μνηστῆρας δ' ἔκτεινεν ἀγήνορας, οἵ θ' ἑὸν οἶκον
κήδεσκον καὶ κτήματ' ἔδον[6] βιόωντό[7] τε παῖδα."
Τὴν δ' αὖτε προσέειπε περίφρων Πηνελόπεια·
„Μαῖα φίλη, μάργην σε θεοὶ θέσαν, οἵ τε δύνανται
ἄφρονα ποιῆσαι καὶ ἐπίφρονά περ μάλ' ἐόντα
καί τε χαλιφρονέοντα[8] σαοφροσύνης[9] ἐπέβησαν·[8]
οἵ σέ περ ἔβλαψαν· πρὶν δὲ φρένας[10] αἰσίμη ἦσθα.
Τίπτε με λωβεύεις πολυπενθέα θυμὸν ἔχουσαν
ταῦτα παρὲξ ἐρέουσα, καὶ ἐξ ὕπνου μ' ἀνεγείρεις
ἡδέος, ὅς μ' ἐπέδησε φίλα βλέφαρ' ἀμφικαλύψας;
Οὐ γάρ πω τοιόνδε κατέδραθον,[11] ἐξ οὗ Ὀδυσσεὺς
ᾤχετ' ἐποψόμενος Κακοΐλιον[12] οὐκ ὀνομαστήν.
Ἀλλ' ἄγε νῦν κατάβηθι καὶ ἂψ ἔρχευ[13] μέγαρόνδε.

ἡ γρηῦς, ός: die alte Frau

ῥώομαι *DM*: sich hastig bewegen

ὑπερικταίνομαι *DM*: stolpern

τὸ τέκος, εος: das Kind

ἔλδομαι *DM*: wünschen, sich sehnen

κήδω, *Imperf. (iterativ)* **κήδεσκον**: schädigen

μάργος, η, ον: toll, verrückt

χαλιφρονέω: einfältig sein

λωβεύω: verhöhnen

πολυπενθής, ές: voll Kummer

παρέξ *Adv.*: daneben, fälschlich

πεδάω: binden, fesseln

ὀνομαστός, ή, όν: *hier:* aussprechbar

1 = ἀνέβη – 2 = καγχαλάουσα, *Part. Präs. f. zu* καγχαλάω: *jubeln, frohlocken* – 3 = γόνατα – 4 *Tmesis* – 5 *Imperativ 2. Sg. Aor. zu* ἐγείρομαι *Med.*: *aufwachen* – 6 = ἤσθιον – 7 = ἐβιάοντο, *3. Pl. Imperf. zu* βιάομαι *DM (+ Akk.)*: *jdm. Gewalt antun* – 8 χαλιφρονέοντα σαοφροσύνης ἐπέβησαν: *„sie brachten sogar den Einfältigen zur Vernunft"* – 9 = σωφροσύνης – 10 *Akk. der Beziehung* – 11 *Aor. zu* καταδαρθάνω: *(ein)schlafen* – 12 *„das Unglücks-Ilion"*, *„das verfluchte Troja"* – 13 = ἔρχου

Εἰ γάρ τίς μ᾽ ἄλλη γε γυναικῶν, αἵ μοι ἔασι,[14]
ταῦτ᾽ ἐλθοῦσ᾽ ἤγγειλε καὶ ἐξ ὕπνου ἀνέγειρε,
τῶ κε τάχα στυγερῶς μιν ἐγὼν ἀπέπεμψα νέεσθαι
αὖτις ἔσω μέγαρον· σὲ δὲ τοῦτό[15] γε γῆρας ὀνήσει."
Τὴν δ᾽ αὖτε προσέειπε φίλη τροφὸς Εὐρύκλεια·
„Οὔ τί σε λωβεύω, τέκνον φίλον, ἀλλ᾽ ἔτυμόν τοι
ἦλθ᾽ Ὀδυσεὺς καὶ οἶκον ἱκάνεται, ὡς ἀγορεύω,
ὁ ξεῖνος, τὸν πάντες ἀτίμων ἐν μεγάροισι.
Τηλέμαχος δ᾽ ἄρα μιν πάλαι ᾔδεεν[16] ἔνδον ἐόντα,
ἀλλὰ σαοφροσύνῃσι[17] νοήματα πατρὸς ἔκευθεν,
ὄφρ᾽ ἀνδρῶν τείσαιτο βίην ὑπερηνορεόντων."
Ὣς ἔφαθ᾽, ἡ δ᾽ ἐχάρη[18] καὶ ἀπὸ λέκτροιο θοροῦσα
γρηῒ περιπλέχθη, βλεφάρων δ᾽ ἀπὸ[4] δάκρυον ἧκε.[4]

τῶ *Adv.*: *hier folgernd:* dann

ἔτυμον *Adv.*: wahrhaftig, wirklich

ἀτιμάω: verachten, ehrlos behandeln

ὑπερηνορέων, οντος: übermütig

περιπλέκομαι *Med. (+ Dat.)*: umarmen

14 = εἰσί – 15 *Akk. der Beziehung: „diesbezüglich"* – 16 *3. Sg. Imperf. zu* οἶδα – 17 = σωφροσύναις – 18 *3. Sg. Aor. zu* χαίρω

LERNWORTSCHATZ

τὸ ὑπερῷον, ου *(oft Pl.)*	das Obergemach	**τίπτε** *(interr.)*	was / warum denn?
ἡ δέσποινα, ης	die Herrin, die Gebieterin	**τὸ βλέφαρον, ου**	das Augenlid; das Auge
ὁ πόσις, ιος	der Gatte	**καλύπτω**	einhüllen
ἱκάνομαι *Med.*	(an)kommen	**ἐφοράω**	nach etw. sehen, Ausschau halten nach
ὀψέ *Adv.*	spät	**ἄψ** *Adv.*	(hin)fort; wieder, zurück
ὁ μνηστήρ, ῆρος	der Freier	**τὸ μέγαρον, ου**	die Halle; *(im Pl. oft)* der Palast
ἀγήνωρ, ορος	tapfer, mutig, kühn	**στυγερός, ή, όν**	verhasst, verabscheut
ἐσθίω, *Fut.* **ἔδομαι**	(auf)essen; fressen	**νέομαι** *DM*	(heim)kommen
περίφρων, ον	umsichtig, klug	**ὀνίνημι,** *Aor.* **ὤνησα**	nützen, helfen
ἡ μαῖα, ης	das Mütterchen	**ἡ τροφός, ου**	die Amme
ἄφρων, ον	unvernünftig	**ἀγορεύω**	reden, sagen
ἐπίφρων, ον	vernünftig, verständig	**τὸ νόημα, ατος**	der Gedanke, der Einfall
ἡ σωφροσύνη, ης	die Besonnenheit, die Vernunft	**κεύθω**	verbergen, verhehlen
αἴσιμος, ον	schicksalhaft, gebührend; vernünftig	**τὸ λέκτρον, ου**	das Bett
ἡ φρήν, φρενός	der Sinn, der Verstand	**θρῴσκω,** *Aor.* **ἔθορον**	springen

ANALYSE UND INTERPRETATION

2 Beschreiben Sie Penelopes Reaktion auf die Meldung von Odysseus' Heimkehr. Arbeiten Sie heraus, mit welchen Worten Penelope die Amme Eurykleia zurechtweist, und erklären Sie Penelopes Beweggründe bzw. die Argumente ihres Misstrauens.

Penelope wird von Eurykleia geweckt. Gemälde von Angelika Kauffmann, 1772, Bregenz, Vorarlberger Landesmuseum

12.2 Odysseus wird für die Begegnung schön gemacht

Nach Odysseus' Vorschlag, dass sich alle für das Wiedersehensfest schön machen mögen, erhält er selber ein wohltuendes Bad in seinem eigenen Palast.

Odyssee 23,153–172

Αὐτὰρ Ὀδυσσῆα μεγαλήτορα ᾧ ἐνὶ οἴκῳ
Εὐρυνόμη ταμίη λοῦσεν καὶ χρῖσεν ἐλαίῳ,
ἀμφὶ[1] δέ μιν φᾶρος καλὸν βάλεν[1] ἠδὲ χιτῶνα·
αὐτὰρ κὰκ[2] κεφαλῆς χεῦεν πολὺ κάλλος Ἀθήνη
μείζονά τ᾽ εἰσιδέειν[3] καὶ πάσσονα· κὰδ[2] δὲ κάρητος
οὔλας ἧκε κόμας, ὑακινθίνῳ ἄνθει ὁμοίας.
Ὡς δ᾽ ὅτε τις χρυσὸν περιχεύεται[4] ἀργύρῳ ἀνὴρ
ἴδρις, ὃν Ἥφαιστος δέδαεν[5] καὶ Παλλὰς Ἀθήνη
τέχνην παντοίην, χαρίεντα δὲ ἔργα τελείει,[6]
ὣς ἄρα τῷ κατέχευε[7] χάριν κεφαλῇ τε καὶ ὤμοις.
Ἐκ δ᾽ ἀσαμίνθου βῆ δέμας[8] ἀθανάτοισιν ὁμοῖος·

τὸ φᾶρος, εος: der Mantel

πάσσων, ον: *Komp. zu* **παχύς, εῖα, ύ**: dick, stark

οὖλος, η, ον: kraus, sich kringelnd

ἴδρις, ιος: kundig, geschickt

ἡ ἀσάμινθος, ου: die Badewanne

1 *Tmesis* – 2 = κατά – 3 *konsekutiver Inf.: „sodass er … zu sehen war"* – 4 *3. Sg. Konj. Aor. zu* περιχέω: *herumlegen um* – 5 δέδαεν *(Aor.): er lehrte* – 6 = τελεῖ – 7 *3. Sg. Aor. zu* καταχέω: *gießen über* – 8 *Akk. der Beziehung: „hinsichtlich …"*

ἄψ δ’ αὖτις κατ’[1] ἄρ’ ἕζετ’[1] ἐπὶ θρόνου, ἔνθεν ἀνέστη,
ἀντίον ἧς ἀλόχου, καί μιν πρὸς[1] μῦθον ἔειπε·[1]
„Δαιμονίη, περὶ σοί γε γυναικῶν θηλυτεράων
κῆρ ἀτέραμνον ἔθηκαν Ὀλύμπια δώματ’ ἔχοντες·
οὐ μέν κ’ ἄλλη γ’ ὧδε γυνὴ τετληότι θυμῷ
ἀνδρὸς ἀποσταίη,[9] ὅς οἱ κακὰ πολλὰ μογήσας
ἔλθοι ἐεικοστῷ ἔτεϊ ἐς πατρίδα γαῖαν.
Ἀλλ’ ἄγε μοι, μαῖα, στόρεσον λέχος, ὄφρα καὶ αὐτὸς
λέξομαι· ἦ γὰρ τῇ[10] γε σιδήρεον ἐν φρεσὶν ἦτορ.“

ἔνθεν *Adv. (hier rel.)*: von wo

περί *(+ Gen.)*: *hier:* über ... hinaus, mehr als

ἀτέραμνος, ον: hart, unerbittlich

τετληώς, υῖα, ός: standhaft

στόρνυμι, *Aor.* **ἐστόρεσα**: zurechtmachen

λέχομαι *DM*: sich zu Bett legen

σιδήρε(ι)ος, η, ον: eisern, aus Eisen

---

9 3. Sg. Opt. Aor. Med. zu ἀφίστημι *– 10 Dat. poss.; gemeint ist Penelope*

LERNWORTSCHATZ

μεγαλήτωρ, ορος	großherzig, mutig, stolz	**τὸ δέμας** *Nom./Akk.*	der Körperbau, die Gestalt
ἡ ταμίη, ης	die Wirtschafterin	**ἄψ** *Adv.*	(hin)fort; wieder, zurück
χρίω	salben	**ἀντίον** *Adv.*	dagegen, gegenüber
τὸ ἔλαιον, ου	das (Oliven-)Öl	**ἡ ἄλοχος, ου**	die Ehefrau
ὁ χιτών, ῶνος	der Leibrock, das Hemd	**τὸ δῶμα, ατος**	das Haus; der Palast
τὸ κάλλος, εος	die Schönheit	**τὸ κῆρ, κηρός**	das Herz
τὸ κάρη, κρατός *oder* **καρήατος**	der Kopf, das Haupt	**μογέω**	sich abmühen
ἡ κόμη, ης	das (Haupt-)Haar	**ἡ μαῖα, ης**	das Mütterchen
τὸ ἄνθος, εος	die Blüte, die Blume	**τὸ λέχος, εος**	das Bett
χαρίεις, εσσα, εν	anmutig, reizvoll	**ἡ φρήν, φρενός**	der Sinn, der Verstand
ὁ ὦμος, ου	die Schulter	**τὸ ἦτορ, ορος**	das Herz; der Mut

ANALYSE UND INTERPRETATION

1 Analysieren Sie die Worte (Verse 165-170), die Odysseus nach dem Bad zu Penelope sagt, als er nochmals seiner Frau gegenüber sitzt. Versuchen Sie, seine Gefühle, vielleicht sogar seine Enttäuschung, nachzuempfinden bzw. zu erklären.

12.3 Odysseus und Penelope sind wieder vereint

Erst als Odysseus auf Penelopes Verlangen hin die Entstehungsgeschichte ihres gemeinsamen Ehebettes beschrieben hat, glaubt sie ihm.

SPRACHLICHE UND INHALTLICHE VORERSCHLIESSUNG

1 Bei stark emotionalen Empfindungen braucht es meist keine Worte bzw. lassen sich diese oft gar nicht finden. Sammeln Sie in der Begegnungszene zwischen Penelope und Odysseus (Verse 205–208 und 231–232) die körpersprachlichen Ausdrücke von Zuneigung und Wiedersehensfreude.

Odyssee 23,205-240

Ὣς φάτο, τῆς[1] δ᾽ αὐτοῦ λύτο γούνατα[2] καὶ φίλον ἦτορ,
σήματ᾽ ἀναγνούσῃ,[3] τά οἱ ἔμπεδα πέφραδ᾽[4] Ὀδυσσεύς·
δακρύσασα δ᾽ ἔπειτ᾽ ἰθὺς[5] κίεν, ἀμφὶ[6] δὲ χεῖρας
δειρῇ βάλλ᾽[6] Ὀδυσῆι, κάρη δ᾽ ἔκυσ᾽ ἠδὲ προσηύδα·
„Μή μοι, Ὀδυσσεῦ, σκύζευ, ἐπεὶ τά περ ἄλλα[7] μάλιστα
ἀνθρώπων πέπνυσο·[8] θεοὶ δ᾽ ὤπαζον ὀϊζύν,
οἳ νῶϊν ἀγάσαντο παρ᾽ ἀλλήλοισι μένοντε[9]
ἥβης ταρπῆναι[10] καὶ γήραος οὐδὸν ἱκέσθαι.
Αὐτὰρ μὴ νῦν μοι τόδε[11] χώεο μηδὲ νεμέσσα,
οὕνεκά σ᾽ οὐ τὸ πρῶτον, ἐπεὶ ἴδον, ὧδ᾽ ἀγάπησα.
Αἰεὶ γάρ μοι θυμὸς ἐνὶ στήθεσσι φίλοισιν
ἐρρίγει,[12] μή τίς με βροτῶν ἀπάφοιτ᾽[13] ἐπέεσσιν
ἐλθών· πολλοὶ γὰρ κακὰ κέρδεα βουλεύουσιν.
Οὐδέ κεν Ἀργείη Ἑλένη, Διὸς ἐκγεγαυῖα,[14]
ἀνδρὶ παρ᾽ ἀλλοδαπῷ ἐμίγη φιλότητι καὶ εὐνῇ,
εἰ ᾔδη,[15] ὅ μιν αὖτις[16] ἀρήϊοι υἷες[17] Ἀχαιῶν
ἀξέμεναι[18] οἰκόνδε φίλην ἐς πατρίδ᾽ ἔμελλον.
Τὴν δ᾽ ἦ τοι ῥέξαι θεὸς ὤρορεν ἔργον ἀεικές·
τὴν δ᾽ ἄτην οὐ πρόσθεν ἑῷ ἐγκάτθετο[19] θυμῷ
λυγρήν, ἐξ ἧς πρῶτα[20] καὶ ἡμέας ἵκετο πένθος.

αὐτοῦ *Adv:* auf der Stelle

ἡ δειρή, ῆς: der Nacken, der Hals

κυνέω, *Aor.* **ἔκυσα**: küssen

σκύζομαι *DM*: zürnen, böse sein

ἄγαμαι *DM: hier:* missgönnen

ὁ οὐδός, οῦ: die (Tür-)Schwelle

νεμεσ(σ)άω: verübeln, verargen

ἀγαπάω: *hier:* liebevoll begrüßen

Ἀργεῖος, η, ον: aus Argos stammend, argivisch

ἀλλοδαπός, ή, όν: anderswoher stammend, fremd

---

1 *gemeint ist Penelope* – 2 = γόνατα – 3 *bezogen auf Penelope* – 4 = *3. Sg. Aor. zu* φράζω – 5 = εὐθύς *Adv.* – 6 *Tmesis* – 7 τά περ ἄλλα: *Akk. der Beziehung* – 8 *2. Sg. Plperf. Med. zu* πνέω: *hier: Verstand haben, klug sein* – 9 *Part. Präs. Akk. Dual m.; hier als Teil des AcI:* μένοντε … ταρπῆναι … ἱκέσθαι – 10 *Inf. Aor. Pass. zu* τέρπω – 11 *Akk. der Beziehung: „diesbezüglich"* – 12 *3. Sg. Plperf. zu* ῥιγέω: *erschaudern, erstarren* – 13 *3. Sg. Opt. Aor. Med. zu* ἀπαφίσκω: *täuschen, betrügen* – 14 *Part. Perf. Nom. Sg. f. zu* ἐκγίγνομαι – 15 *3. Sg. Imperf. zu* οἶδα – 16 = αὖθις – 17 = υἱοί – 18 = ἄξειν – 19 *3. Sg. Aor. Med. zu* ἐγκατατίθημι *(+ Dat.): hineinlegen in* – 20 = πρῶτον *Adv.*

Νῦν δ', ἐπεὶ ἤδη σήματ' ἀριφραδέα κατέλεξας
εὐνῆς ἡμετέρης, τὴν οὐ βροτὸς ἄλλος ὀπώπει,[21]
ἀλλ' οἶοι σύ τ' ἐγώ τε καὶ ἀμφίπολος μία μούνη,[22]
Ἀκτορίς, ἥν μοι δῶκε πατὴρ ἔτι δεῦρο κιούσῃ,
ἣ νῶϊν εἴρυτο[23] θύρας πυκινοῦ[24] θαλάμοιο,
πείθεις δή μευ θυμόν, ἀπηνέα περ μάλ' ἐόντα."
Ὣς φάτο, τῷ δ' ἔτι μᾶλλον ὑφ'[6] ἵμερον ὦρσε[6] γόοιο·
κλαῖε δ' ἔχων ἄλοχον θυμαρέα, κεδνὰ ἰδυῖαν.
Ὡς δ' ὅτ' ἂν ἀσπάσιος γῆ νηχομένοισι φανήῃ,[25]
ὧν τε Ποσειδάων εὐεργέα νῆ' ἐνὶ πόντῳ
ῥαίσῃ, ἐπειγομένην ἀνέμῳ καὶ κύματι πηγῷ·
παῦροι δ' ἐξέφυγον πολιῆς ἁλὸς ἤπειρόνδε
νηχόμενοι, πολλὴ δὲ περὶ χροῒ τέτροφεν[26] ἅλμη,
ἀσπάσιοι δ' ἐπέβαν[27] γαίης, κακότητα φυγόντες·
ὣς ἄρα τῇ ἀσπαστὸς ἔην πόσις εἰσοροώσῃ,[28]
δειρῆς δ' οὔ πω πάμπαν ἀφίετο πήχεε[29] λευκώ.[29]

ἀριφραδής, ές: sehr deutlich
ἀπηνής, ές: abgeneigt, unfreundlich, hart
θυμαρής, ές: lieb, ersehnt
κεδνὰ ἰδυῖα: treu besorgt
νήχομαι *DM*: schwimmen
εὐεργής, ές: gut gebaut
ῥαίω: zerschmettern
ἐπείγω: (be)drängen
πηγός, ή, όν: prall, wuchtig
παῦρος, η, ον: klein, gering; *Pl.*: wenige
ἡ ἅλμη, ης: *hier:* die Salzkruste
περί *(+ Dat.)*: an
ἡ κακότης, ητος: das Unheil, die Not
ὁ πῆχυς, πήχεος: der Unterarm

---

21 *3. Sg. Plperf. Akt. zu* ὁράω – 22 = μόνη – 23 *3. Sg. Imperf. zu* ἐρύομαι: *(be)schützen* – 24 = πυκνοῦ – 25 *3. Sg. Konj. Aor. zu* φαίνομαι – 26 *3. Sg. Perf. zu* τρέφομαι: *hier: sich (ringsum) anlegen* – 27 = ἐπέβησαν – 28 = εἰσοραούσῃ – 29 *Akk. Dual m.*

LERNWORTSCHATZ

τὸ ἦτορ, ορος	das Herz; der Mut
τὸ σῆμα, ατος	das Zeichen
ἔμπεδος, ον	fest, unwiderlegbar
κίω	gehen
τὸ κάρη, κρατός *oder* **καρήατος**	der Kopf, das Haupt
(προσ)αὐδάω	anreden, (an)sprechen
ὀπάζω	geben, verleihen
ἡ ὀϊζύς, ύος	der Jammer, die Qual
ἡ ἥβη, ης	die Jugend(kraft)
τέρπω	erfreuen
ἱκνέομαι *DM (+ Akk.)*	(hin)kommen (zu, auf)
χώομαι *DM*	sich ärgern, zürnen
οὕνεκα	(deswegen,) weil
ὧδε *Adv.*	so, auf diese Weise
τὸ στῆθος, εος	die Brust
βροτός, ή, όν	sterblich
ἡ φιλότης, ητος	die Freundschaft, die Liebe
ἡ εὐνή, ῆς	das (Ehe-)Bett
ἀρήϊος, (η,) ον	kriegerisch
ῥέζω	machen, tun
ὄρνυμι, *Aor.* **ὦρσα**	antreiben; erregen
ἀεικής, ές	schändlich; elend
ἡ ἄτη, ης	das Unheil, das Verderben
λυγρός, ή, όν	traurig; Verderben bringend
τὸ πένθος, εος	das Leid, die Trauer
οἶος, η, ον	einzig, alleine, nur
ἡ ἀμφίπολος, ου	die Dienerin
ὁ θάλαμος, ου	das Schlafzimmer
ὁ ἵμερος, ου	die Sehnsucht, das Verlangen
ὁ γόος, ου	die Klage, der Jammer
ἡ ἄλοχος, ου	die Ehefrau
ἀσπάσιος, η, ον *oder* **ἀσπαστός, όν**	willkommen, erwünscht
τὸ κῦμα, ατος	die Woge, die Welle
πολιός, ή, όν	weißlich; grau
ὁ χρώς, χρωτός *oder* **χροός**	die Haut; der Körper
πάμπαν *Adv.*	gänzlich, ganz und gar

ANALYSE UND INTERPRETATION

2 Penelopes Begrüßungsworte (Verse 209–230) sind geradezu eine Entschuldigung. Gliedern Sie ihre Rede gemäß den verschiedenen Argumentationspunkten in passende Abschnitte.

3 Auch in der Literatur hat sich für Unausprechliches, angesichts dessen man eben „sprachlos" ist, ein ersatzweises Darstellungsmittel etabliert: das bildhafte Gleichnis. Beschreiben Sie das hier eingesetzte Gleichnis (Verse 233–240) in seinem rhetorischen Aufbau sowie der Wahl der Lebenssituation.

Das Wiedersehen von Odysseus und Penelope. Englische Buchillustration, 1925

4 Beschreiben Sie die Buchillustration in Bezug auf die beteiligten Personen und deren Körpersprache.

5 Stellen Sie neben diese Bildszenerie die entsprechenden Versstellen aus dem Originaltext.

6 Recherchieren Sie Odyssee-Verfilmungen und vergleichen Sie diese Szene mit der Darstellung im Film.